从 小 爱 悦 读

启 文　郝建国　主编

中华五千年

笛　子　编著

花山文艺出版社
河北·石家庄

图书在版编目（CIP）数据

中华五千年 / 笛子编著 . -- 石家庄 ：花山文艺出版社 ，2023.3（2024.3 重印）
（从小爱悦读 / 启文，郝建国主编）
ISBN 978-7-5511-6599-0

Ⅰ . ①中… Ⅱ . ①笛… Ⅲ . ①中国历史—儿童读物
Ⅳ . ① K209

中国国家版本馆 CIP 数据核字（2023）第 026758 号

丛 书 名：从小爱悦读
主　　编：启　文　郝建国
书　　名：中华五千年
Zhonghua Wuqian Nian
编　　著：笛　子

策划统筹：王玉晓
责任编辑：王　磊
封面设计：博文斯创
美术编辑：王爱芹
出版发行：花山文艺出版社（邮政编码：050061）
（河北省石家庄市友谊北大街 330 号）
销售热线：0311-88643299/96/17
印　　刷：金世嘉元（唐山）印务有限公司
经　　销：新华书店
开　　本：720 毫米 ×1020 毫米　1/16
印　　张：8
字　　数：100 千字
版　　次：2023 年 3 月第 1 版
2024 年 3 月第 2 次印刷
书　　号：ISBN 978-7-5511-6599-0
定　　价：26.80 元

目录

CONTENTS

pán gǔ kāi tiān pì dì

盘古开天辟地

chuán shuō zài hěn jiǔ yǐ qián tiān hé dì shì hùn chéng yí piàn
传说在很久以前，天和地是混成一片
de jiù xiàng yí gè jù dà de jī dàn yǒu yí gè jiào pán gǔ de
的，就像一个巨大的鸡蛋。有一个叫盘古的
shén jiù zài zhè ge dàn lǐ miàn chén shuì zhe
神，就在这个“蛋”里面沉睡着。

dà yuē guò le yí wàn bā qiān nián pán gǔ shuì xǐng le tā
大约过了一万八千年，盘古睡醒了，他
zhēng kāi yǎn jing jiàn yǎn qián yí piàn hēi àn gǎn dào shí fēn fán
睁开眼睛，见眼前一片黑暗，感到十分烦
zào yú shì ná qǐ yǔ tā yì tóng yùn yù chū lái de jù fǔ jiāng
躁，于是拿起与他一同孕育出来的巨斧，将
zhè hùn dùn pī chéng le liǎng bàn hùn dùn zhōng qīng de dōng xi shàng shēng
这混沌劈成了两半。混沌中清的东西上升
biàn chéng le tiān zhuó de dōng xi xià jiàng biàn chéng le dì tiān dì
变成了天，浊的东西下降变成了地，天地
cóng cǐ jiù fēn kāi le
从此就分开了。

pán gǔ dān xīn tiān dì huì zài cì hé lǒng yú shì yòng shǒu
盘古担心天地会再次合拢，于是用手
chēng zhe tiān yòng jiǎo cǎi zhe dì shǐ zì jǐ de shēn zi měi tiān
撑着天，用脚踩着地，使自己的身子每天

长高一丈，因此天和地也每天分开一丈。这样又过了一万八千年，天升得高极了，地也变得厚极了。这时，盘古很累了，就躺在地上睡着了，再也没有醒来。

盘古死后，他的头和手脚变成了高山，左眼变成了太阳，右眼变成了月亮，头发和眉毛变成了星星；他呼出来的气变成了风和云雾，声音变成了雷霆闪电，肌肉变成了土壤，筋脉变成了道路；他的骨头、牙齿变成了埋藏在地下的金银铜铁、玉石宝藏，血液变成了江河，汗水变成了雨露，毛发变成了花草树木；他的精魂则变成了地上的鸟兽鱼虫。

就这样，一个丰富多彩、千姿百态的世界诞生了。

nǚ wā zào rén
女娲造人

bù zhī guò le duō shao nián tiān dì jiān chū xiàn le yí wèi shén
　　不知过了多少年，天地间出现了一位神
tōng guǎng dà de nǚ shén míng jiào nǚ wā jù shuō tā shì yóu pán
通广大的女神，名叫女娲。据说她是由盘
gǔ de xīn huà shēng ér chéng de zhè yì tiān nǚ wā xiàng píng shí
古的心化生而成的。这一天，女娲像平时
yí yàng zài tiān dì jiān sàn bù què zǒng jué de shǎo le xiē shén me
一样在天地间散步，却总觉得少了些什么。
nǚ wā lái dào xī biān hē shuǐ dāng kàn dào shuǐ zhōng zì jǐ de dào
女娲来到溪边喝水，当看到水中自己的倒
yǐng shí tā cái huǎng rán dà wù duì a yīng gāi yǒu xǔ duō
影时，她才恍然大悟：“对啊，应该有许多
gēn wǒ yí yàng de shēng mìng cái duì yú shì nǚ wā zhuā qǐ
跟我一样的生命才对！”于是，女娲抓起
yì tuán huáng tǔ chān le xiē xī shuǐ zhào zhe zì jǐ de mú yàng
一团黄土，掺了些溪水，照着自己的模样
niē chū yí gè kě ài piào liang de xiǎo dōng xi
捏出一个可爱漂亮的小东西。

xiǎo dōng xi yí luò dì jiù huó bèng luàn tiào de hái néng yán
　　小东西一落地就活蹦乱跳的，还能言
shàn yǔ bù tíng de jiào nǚ wā mā ma nǚ wā kāi xīn jí
善语，不停地叫女娲“妈妈”。女娲开心极

le bǎ zhè ge xīn chuàng zào de shēng mìng chēng wéi rén
了，把这个新创造的生命称为“人”。

nǚ wā fēi cháng mǎn yì zì jǐ de zuò pǐn jué dìng zào chū
女娲非常满意自己的作品，决定造出
gèng duō de rén ràng shì jiān chōng mǎn huān lè yú shì tā jì
更多的人，让世间充满欢乐。于是，她继
xù yòng xī shuǐ huò zhe huáng ní bù fēn zhòu yè de niē a niē a
续用溪水和着黄泥，不分昼夜地捏啊捏啊，
niē chū xǔ xǔ duō duō de xiǎo rénr xiǎo rénr men huān xǐ de hǎn
捏出许许多多的小人儿。小人儿们欢喜地喊
nǚ wā mā ma xiàng tā jū gōng xíng lǐ huān kuài de dào chù
女娲“妈妈”，向她鞠躬行礼，欢快地到处
zǒu a pǎo a qù gǎn shòu xīn xiān de huán jìng hé shì wù
走啊，跑啊，去感受新鲜的环境和事物。

dà dì shí zài tài liáo kuò le xiǎo rénr men hěn kuài jiù pǎo
大地实在太辽阔了，小人儿们很快就跑
yuǎn bú jiàn le zōng jì yuán běn hái bèi hěn duō xiǎo rénr cù yōng de
远不见了踪迹。原本还被很多小人儿簇拥的
nǚ wā cǐ shí yòu gū gū dān dān de le zhè ràng tā bù jīn yǒu xiē
女娲此时又孤孤单单的了，这让她不禁有些
fàn chóu zěn yàng cái néng ràng dà dì shàng dào chù dōu shì rén ne
犯愁：怎样才能让大地上到处都是人呢？
tū rán tā líng jī yí dòng cǎi lái hěn duō yě cǎo jiāng tā men
突然，她灵机一动，采来很多野草，将它们
cuō chéng cǎo shéng zài yòng huáng tǔ hé xī shuǐ zhì chéng ní jiāng bǎ
搓成草绳，再用黄土和溪水制成泥浆，把
cǎo shéng zhàn mǎn ní jiāng yòng lì xiàng dà dì shuǎi ní diǎn luò zài
草绳蘸满泥浆，用力向大地甩，泥点落在
dà dì shàng lì jí biàn chéng yí gè gè xiǎo rénr nǚ wā bù
大地上，立即变成一个个小人儿！女娲不
tíng de shuǎi a shuǎi a zhí dào tiān dì jiān dào chù dōu shì huó bèng
停地甩啊甩啊，直到天地间到处都是活蹦
luàn tiào de rén le tā cái tíng xià lái xiū xi
乱跳的人了，她才停下来休息。

女娲补天

水神共工的面孔是人，身体似蛇，野心勃勃。

当时，颛顼是天帝。共工暗中将对颛顼不满的天神们聚集起来，发动了战争。颛顼召集众神应战，双方打得难解难分。打斗过程中，共工竟然撞断了不周山。

不周山本是西北方擎天的柱子，它一断裂，天就破了一个窟窿，引发了种种灾难：日月星辰纷纷坠落，引起了森林大火；天河倾泻而下，大地变成了汪洋；凶禽猛兽也出来吞噬人类……

这些灾难导致生灵涂炭，女娲不忍目睹，决定拯救苍生。她找来五色土，炼制成五彩神石，用来填补天上的窟窿；她斩下一只大龟的脚，用来支撑倾斜的天空；她又把大量芦草烧成灰，用草木灰来堵塞肆虐的洪水。

女娲还杀死了一条兴风作浪、吃人无数的黑龙。四方的凶禽猛兽知道这个消息后，都非常害怕，赶紧躲进深山老林，再也不敢出来害人了。

最后，天补好了，大火熄灭了，洪水止住了，凶禽猛兽也都销声匿迹了，人们从巨大的灾难中解脱出来，重新过上了和平安宁的生活。

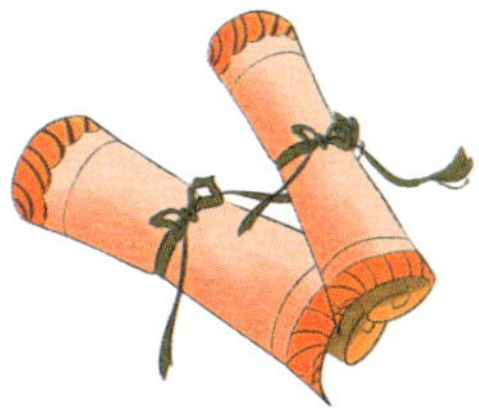

zuān mù qǔ huǒ

钻木取火

hěn jiǔ yǐ qián， rén men bù zhī dào yǒu huǒ， shí wù zhǐ
很久以前，人们不知道有火，食物只
néng chī shēng de， hěn róng yì shēng bìng； dào le wǎn shang zé yào rěn
能吃生的，很容易生病；到了晚上则要忍
shòu hēi àn hé hán lěng， hái jīng cháng bèi yě shòu xí jī。
受黑暗和寒冷，还经常被野兽袭击。

yǒu yí wèi tiān shén xiǎng bāng zhù rén men， jiù jiàng xià léi diàn，
有一位天神想帮助人们，就降下雷电，
pī zài gān kū de shù zhī shàng， rán qǐ xióng xióng dà huǒ。 miàn duì
劈在干枯的树枝上，燃起熊熊大火。面对
zhè zhǒng jǐng xiàng， rén men fēi cháng jīng kǒng， dàn shì yí gè cōng míng
这种景象，人们非常惊恐，但是一个聪明
de nián qīng rén fā xiàn， zhè ge fā liàng de dōng xi bù jǐn néng qū
的年轻人发现，这个发亮的东西不仅能驱
sàn hēi àn hé hán lěng， hái néng gǎn zǒu yě shòu。 jiē zhe， yòu yǒu
散黑暗和寒冷，还能赶走野兽。接着，又有
rén fā xiàn， zhè ge fā liàng de dōng xi kě yǐ shā sǐ yě shòu， bèi
人发现，这个发亮的东西可以杀死野兽，被
tā shā sǐ de yě shòu fēi cháng měi wèi。 jiù zhè yàng， rén men zhī
它杀死的野兽非常美味。就这样，人们知
dào le huǒ de yòng tú。 tā men bǎ huǒ zhǒng bǎo cún zài shān dòng lǐ，
道了火的用途。他们把火种保存在山洞里，

pài rén lún liú kān shǒu bú ràng tā xī miè
派人轮流看守，不让它熄灭。

yǒu yì tiān kān shǒu huǒ zhǒng de rén shuì zháo le huǒ zhǒng
有一天，看守火种的人睡着了，火种
xī miè le rén men yòu xiàn rù le hēi àn hé hán lěng zhī zhōng tiān
熄灭了，人们又陷入了黑暗和寒冷之中。天
shén jiù zài mèng zhōng gào su nà ge nián qīng rén xī fāng yǒu gè
神就在梦中告诉那个年轻人：“西方有个
suì míng guó nǐ kě yǐ qù nà lǐ cǎi lái huǒ zhǒng nián qīng rén
燧明国，你可以去那里采来火种。”年轻人
xǐng hòu lì kè dòng shēn qián wǎng suì míng guó yí lù shàng jīng lì
醒后，立刻动身前往燧明国，一路上经历
le shǔ bu qīng de jiān nán xiǎn zǔ rán ér tā dào dá suì míng guó
了数不清的艰难险阻。然而，他到达燧明国
hòu què fā xiàn zhè lǐ yí piàn qī hēi
后，却发现这里一片漆黑。

nián qīng rén lèi jí le zuò zài yì kē dà shù xià xiū xi
年轻人累极了，坐在一棵大树下休息。
zhè shí jǐ zhī dà niǎo fēi dào shù shàng bù tíng de zhuó shù gàn
这时，几只大鸟飞到树上，不停地啄树干，
cā chū yí dào dào huǒ guāng nián qīng rén shòu dào qǐ fā zhé xià jǐ
擦出一道道火光。年轻人受到启发，折下几
gēn shù zhī yòng xiǎo shù zhī qù zuān dà shù zhī bù yí huìr
根树枝，用小树枝去钻大树枝。不一会儿，
shù zhī mào yān le jì ér rán qǐ le huǒ
树枝冒烟了，继而燃起了火！

nián qīng rén bǎ zhè zhǒng shén qí de shù zhī dài huí jiā cóng
年轻人把这种神奇的树枝带回家，从
cǐ rén men zài yě bú yòng shēng huó zài hán lěng hé kǒng jù zhōng le
此，人们再也不用生活在寒冷和恐惧中了。
zhè wèi nián qīng rén bèi tuī wéi shǒu lǐng tā jiù shì suì rén shì
这位年轻人被推为首领，他就是“燧人氏”，
ér tā dài huí de shù zhī jiù shì suì mù
而他带回的树枝就是燧木。

shén nóng cháng bǎi cǎo

神农尝百草

jū zhù zài xī fāng kūn lún shān de xī wáng mǔ zhǎng guǎn zhe zhēn guì
居住在西方昆仑山的西王母掌管着珍贵
de cháng shēng bù lǎo yào guǎn lǐ zhe gè zhǒng dú chóng yì shòu yǒu
的长生不老药，管理着各种毒虫异兽。有
yì tiān yóu yú tā de shǒu xià shī zhí yí dà pī dú chóng hé yì
一天，由于她的手下失职，一大批毒虫和异
shòu táo chū le kūn lún shān yú shì wēn yì kāi shǐ zài rén jiān màn yán
兽逃出了昆仑山，于是瘟疫开始在人间蔓延。

tiān dì dé zhī zhè ge xiāo xi hòu gǎn jǐn pài qiǎn shén nóng
天帝得知这个消息后，赶紧派遣神农
shì qù rén jiān wèi rén men jiě chú bìng tòng shén nóng shì shì yí gè dù
氏去人间为人们解除病痛。神农氏是一个肚
zi tòu míng fēi cháng shàn liáng de tiān shén
子透明、非常善良的天神。

yào zhì bìng jiù děi yǒu yào dàn shì méi rén zhī dào nǎ xiē
要治病，就得有药。但是没人知道哪些
shì kě yǐ zhì bìng de yào cǎo nǎ xiē shì huì hài rén de dú cǎo
是可以治病的药草，哪些是会害人的毒草。
jí biàn zhǎo dào le yào cǎo rén men yě bù zhī dào néng zhì shén me bìng
即便找到了药草，人们也不知道能治什么病。
yú shì shén nóng shì jué xīn biàn cháng bǎi cǎo què dìng měi zhǒng cǎo de
于是，神农氏决心遍尝百草，确定每种草的

药性。他走遍高山、峡谷，采摘花草放到嘴里尝，然后把吃后的反应记下来。

他凭借自己对药性的了解，将不同的药草给不同症状的患者服用，治好了许多人。大家非常尊敬他，尊称他为“炎帝”。

可是，尝药并不安全，他曾经在一天内中毒十三次。好在他的肚子是透明的，能让人看到五脏六腑，知道是哪个部位中了毒，从而及时找到解救的方法。

有一次，神农氏发现一种生长在石缝中的藤状植物，开着可爱的小花，花萼还一张一合地动。他从没见过这种植物，便摘下花和茎吃到肚子里，想看看身体的反应。没想到，这种植物含有剧毒，瞬间，神农氏的肠子就一截截断开，他来不及给自己解毒，就这样死去了。人们伤心欲绝，给这种植物起名叫“断肠草”。

yán huáng chuán shuō

炎黄传说

yán dì suǒ zài de bù luò shì jiāng xìng bù luò dāng shí hái yǒu
炎帝所在的部落是姜姓部落，当时还有
yí gè bù luò hé jiāng xìng bù luò yí yàng qiáng dà tā jiù shì xuān
一个部落和姜姓部落一样强大，它就是轩
yuán bù luò shǒu lǐng shì huáng dì huáng dì hé yán dì zhì lǐ tiān
辕部落，首领是黄帝。黄帝和炎帝治理天
xià de lǐ niàn bù tóng shuāng fāng yīn cǐ zhǎn kāi dà zhàn hòu lái
下的理念不同，双方因此展开大战。后来，
yán dì zhàn bài jiāng xìng bù luò yǔ xuān yuán bù luò hé bìng chéng wéi
炎帝战败，姜姓部落与轩辕部落合并，成为
zhōng huá mín zú de zǔ xiān
中华民族的祖先。

chī yóu shì jiǔ lí bù luò de shǒu lǐng néng zhēng shàn zhàn
蚩尤是九黎部落的首领，能征善战。
tā bù fú huáng dì de tǒng zhì shuài lǐng jiǔ lí bù luò bù tíng de
他不服黄帝的统治，率领九黎部落不停地
xīng bīng zuò luàn zuì hòu zài zhuō lù yí zhàn zhōng huáng dì xiāo miè
兴兵作乱。最后，在涿鹿一战中，黄帝消灭
chī yóu yíng dé le shèng lì zhè cì zhàn zhēng jié shù hòu gè
蚩尤，赢得了胜利。这次战争结束后，各
bù luò zūn huáng dì wéi bù luò lián méng de shǒu lǐng huáng dì de qī
部落尊黄帝为部落联盟的首领。黄帝的妻

zi léi zǔ shì zhòng sāng yǎng cán de chuàng shǐ rén bèi rén men fèng wéi
子嫘祖是种桑养蚕的创始人，被人们奉为
xiān cán shèng mǔ
“先蚕圣母”。

huáng dì qù shì hòu shǒu lǐng zhī wèi dài dài xiāng chuán yī
黄帝去世后，首领之位代代相传，依
cì shì shǎo hào zhuān xū gāo xīn táng yáo yú shùn tā
次是：少昊、颛顼、高辛、唐尧、虞舜。他
men zhì dìng lì fǎ dài lǐng bǎi xìng kāi kěn tǔ dì zhǐ dǎo bǎi xìng
们制定历法，带领百姓开垦土地，指导百姓
àn zhào jì jié hé qì hòu de biàn huà ān pái nóng shì ràng bǎi xìng guò
按照季节和气候的变化安排农事，让百姓过
shàng le fù zú de shēng huó shēn shòu bǎi xìng ài dài
上了富足的生活，深受百姓爱戴。

cāng jié zào zì
仓颉造字

yuǎn gǔ shí dài wǒ men de zǔ xiān yī kào jié shéng jì shì
远古时代，我们的祖先依靠结绳记事。
dào le huáng dì shí qī suí zhe rén kǒu yuè lái yuè duō shì wù
到了黄帝时期，随着人口越来越多，事务
yuè lái yuè fán zá jié shéng jì shì jiù gēn bu shàng shí dài le
越来越繁杂，结绳记事就跟不上时代了。

huáng dì shēn biān yǒu yí gè jiào cāng jié de guān yuán měi tiān
黄帝身边有一个叫仓颉的官员，每天
dōu yào jì lù hěn duō shì qing bǐ rú liáng shi de duō shao liè wù
都要记录很多事情，比如粮食的多少、猎物
de fēn pèi rén kǒu de zēng jiā hé jiǎn shǎo děng suǒ yǐ tā yì
的分配、人口的增加和减少等。所以，他一
zhí zài xún zhǎo yì zhǒng gèng jiā hǎo yòng de jì shì fāng fǎ
直在寻找一种更加好用的记事方法。

yǒu yí cì cāng jié dào nán fāng bàn shì zài lù shàng kàn
有一次，仓颉到南方办事，在路上看
jiàn jǐ gè liè rén zhēng lùn bù xiū yí gè shuō yīng gāi wǎng dōng zǒu
见几个猎人争论不休，一个说应该往东走，
dōng biān yǒu yáng yí gè shuō yīng gāi wǎng běi zǒu běi biān yǒu lù
东边有羊；一个说应该往北走，北边有鹿。
cāng jié hào qí de wèn tā men nǐ men zěn me zhī dào nǎ ge fāng
仓颉好奇地问他们：“你们怎么知道哪个方

向有什么动物呢？”这几个猎人说：“每种动物都有独一无二的脚印，我们是看地上的动物脚印知道的。”

仓颉受到启发，心想：世间万物都有自己独有的特征，既然不同的脚印可以代表不同的动物，那我也可以创造出不同的符号来代表不同的事物，这样记录事情不就方便多了吗？于是，仓颉走了很多地方，仔细观察日月星辰、山河湖海、鸟兽虫鱼、草木器具等事物，然后根据它们的特征创造出了许多不同的符号，这些符号就是最初的“字”。

尧舜禅让

尧是继黄帝之后最有威望的首领，又称唐尧，在位期间生活简朴，爱民如子，从来不独断专行。他在自己的茅屋外面设了一面鼓，无论是谁，只要有意见和建议，随时都可以可以敲鼓，尧听到鼓声就会马上接见敲鼓人；他还在交通要道上立了一根柱子，派专人看守，百姓有意见可以对看守人讲，如果百姓想当面对尧说，看守人则要负责引见。在尧的精心治理下，百姓过着丰衣足食的生活。

尧年老以后，开始选择继承人。有人

推荐尧的儿子丹，尧认为丹的能力不足以治理天下，没有同意。于是有人推荐了舜。

舜的身世很可怜，很小的时候母亲就去世了，他的父亲又娶了一个妻子，生了一个儿子叫象。象在父母的溺爱中长大，总是欺负舜；父亲也偏爱后妻和象，对舜经常是非打即骂。

舜的父母和弟弟甚至两次想置舜于死地。有一次，父亲让舜修理粮仓的屋顶，哪知舜一爬到屋顶，父亲就撤走梯子，点燃了粮仓，舜手持大斗笠纵身跳下，这才逃出了火海。父亲见阴谋没有得逞，又让舜去挖井，然而舜挖了没多久，父亲和弟弟就开始往井里填土，直到把井填得严严实实的才离开。幸好这次舜留了一个心眼儿，挖到一定的深度后，就横向挖了一条暗道，得以死里逃生。

尽管受到这样的对待，但舜并没有对家人心怀记恨，而是始终尽心尽力地孝顺父母、照顾弟弟。

尧为了考察舜的德行，让自己的儿子们和舜做邻居，又把自己的两个女儿——娥皇和女英——嫁给舜。结果，舜将家治理得井然有序，尧的儿子们也都一致称赞舜品德高尚。接着，尧派舜施行德政，臣民都非常原意听从舜的教诲；他让舜统领百官，百官都乐于服从舜；他又让舜接待各部落的首领，首领们也都十分敬服舜。

经过三年的考察，尧认为舜有能力把天下治理好，就正式传位给舜，这就是“尧舜禅让”的佳话。

大禹治水

尧帝时期，大地上洪水泛滥，人们深受其害。

为了拯救百姓于水火，尧帝让大臣们推荐一个人去治理洪水，许多大臣都推荐鲧。

鲧接受任务后，用“堵”的方法治水九年，不仅一点儿成效都没有，反而让洪水更加泛滥了。

后来，尧帝老了，把位置传给了舜。舜继位后，将鲧治罪，诛杀在羽山（今江苏省东海县附近），命鲧的儿子禹继续治水。

禹上任后，立刻开始翻山越岭，勘测地形。考察完地理情况后，他采取了一种与父亲截然相反的治水方法，这就是“疏”。他先将天下分成九州，率领百姓治理九州的土地，让很多土地变成了良田。接着，他又根据地势，带领百姓开沟掘渠，把洪水分别引入了湖泊、大海和沙漠，洪水渐渐退去了。

在治理水患的十三年中，禹不知疲倦地劳作，几次路过家门口都没有进去。他的治水精神得到了舜的肯定，舜选择禹为自己的接班人，百姓们都尊敬地称他为“大禹”。

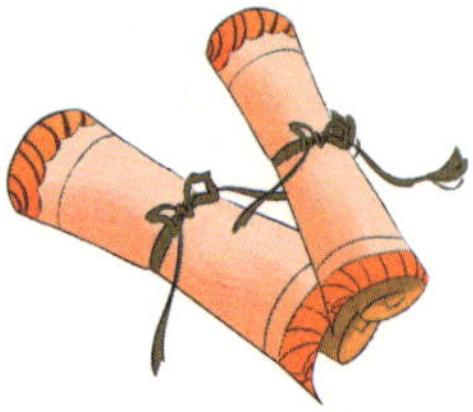

残暴的夏桀

大禹年纪大了，选了帮助自己治水的益为继承人。益只做了三年首领，就把位置让给了禹的儿子启。

启即位后，直接指定自己的儿子太康为继承人，把自己统治的地方称为“夏”，我国历史上第一个朝代——夏朝诞生了。从此，我国开启了“家天下”的时代。

太康继承王位后，只知道游玩打猎，根本不理朝政，一个叫羿的人看不下去，驱逐了他。后来继位的是太康的弟弟仲康，仲康去世前，把王位传给了自己的儿子。

zhè yàng guò le hěn duō dài yǐ hòu xià cháo de wáng wèi chuán dào le
这样过了很多代以后，夏朝的王位传到了
xià jié shǒu lǐ
夏桀手里。

xià jié shì yí gè fēi cháng shē chǐ cán bào de wáng tā
夏桀是一个非常奢侈、残暴的王，他
dòng yòng chéng qiān shàng wàn míng nú lì wèi zì jǐ xiū jiàn gōng diàn ràng
动用成千上万名奴隶为自己修建宫殿，让
bǎi xìng kǔ bù kān yán tā hái ān pái chéng bǎi shàng qiān de rén
百姓苦不堪言。他还安排成百上千的人
zhuān mén fù zé zì jǐ de yǐn shí hē de jiǔ shāo wēi hún zhuó yì
专门负责自己的饮食，喝的酒稍微浑浊一
diǎnr tā jiù yào chǔ sǐ chú shī
点儿，他就要处死厨师。

xià jié de suǒ zuò suǒ wéi rén shén gòng fèn dāng shí yǒu mín
夏桀的所作所为人神共愤，当时有民
yáo zhè yàng chàng dào zhè ge tài yáng shén me shí hou miè wáng wǒ
谣这样唱道：“这个太阳什么时候灭亡，我
nìng yuàn gēn nǐ tóng guī yú jìn
宁愿跟你同归于尽！”

chéng tāng miè xià
成汤灭夏

dāng shí huáng hé xià yóu yǒu yí gè bù luò jiào shāng
当时，黄河下游有一个部落叫商。
guān yú zhè ge bù luò de qǐ yuán yǒu yí gè yǒu qù de chuán shuō
关于这个部落的起源，有一个有趣的传说。

xiāng chuán yuǎn gǔ shí hou de dì kù yǒu yí gè fēi zi
相传，远古时候的帝喾有一个妃子，
míng jiào jiǎn dí yǒu yì tiān tā kàn jiàn yì zhī xuán niǎo fēi guò
名叫简狄。有一天，她看见一只玄鸟飞过，
diào xià lái yì kē dàn jiù bǎ zhè kē dàn jiǎn qǐ lái chī le méi
掉下来一颗蛋，就把这颗蛋捡起来吃了。没
yǒu xiǎng dào tā jìng rán yīn cǐ huái le yùn shēng xià le yí gè
有想到，她竟然因此怀了孕，生下了一个
nán hái dì kù gěi zhè ge nán hái qǐ míng jiào qì qì zhǎng dà
男孩，帝喾给这个男孩起名叫契。契长大
yǐ hòu gēn zhe dà yǔ zhì shuǐ lì xià le hěn dà de gōng láo
以后，跟着大禹治水，立下了很大的功劳，
shùn jiù bǎ yí gè jiào zuò shāng de dì fang sòng gěi qì ràng qì tǒng
舜就把一个叫作商的地方送给契，让契统
lǐng zhè ge dì fang de bù luò jiù zhè yàng qì chéng le bù luò
领这个地方的部落。就这样，契成了部落
shǒu lǐng
首领。

夏桀在位的时候，商已经发展成了一个非常强大的部落，首领名叫成汤。他看夏桀残暴无度，夏朝也非常衰弱，就起兵讨伐夏桀，饱受压迫的百姓纷纷加入成汤的军队。

成汤的军队兵强马壮、士气旺盛，而夏朝的军队士气低迷，军纪涣散。刚一开战，夏军就被打得溃不成军，夏桀被汤军活捉。成汤没有处死夏桀，而是把他流放到了一个叫南巢的地方，夏桀就是在那里死去的。

成汤推翻了夏朝以后，自己称王，建立了商朝，定都亳（今河南省商丘市）。

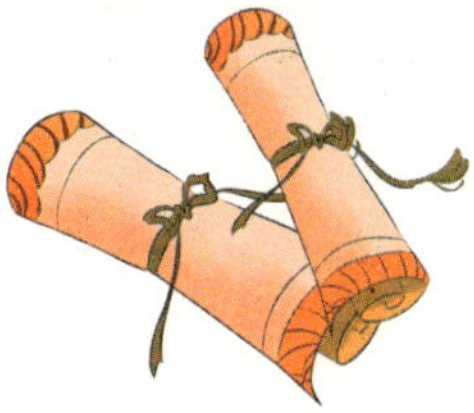

wǔ wáng fá zhòu
武王伐纣

shāng cháo de zuì hòu yí gè dì wáng shì zhòu wáng tā tān tú xiǎng
商朝的最后一个帝王是纣王，他贪图享
lè xìng qíng cán bào duì lǎo bǎi xìng zhēng shōu zhòng shuì sōu guā qí
乐、性情残暴，对老百姓征收重税，搜刮奇
zhēn yì bǎo duī zài gōng diàn lǐ hái rèn yóu jiān chén xiàn hài zhōng liáng
珍异宝堆在宫殿里，还任由奸臣陷害忠良。

jiù zài zhòu wáng mín xīn jìn shī de shí hou yí gè jiào zhōu
就在纣王民心尽失的时候，一个叫周
de bù luò xùn sù jué qǐ zhòu wáng hài pà zhōu bù luò wēi xié dào
的部落迅速崛起。纣王害怕周部落威胁到
zì jǐ de tǒng zhì jiù bǎ zhōu bù luò de shǒu lǐng jī chāng zhuā le
自己的统治，就把周部落的首领姬昌抓了
qǐ lái zhōu bù luò wèi le jiù jī chāng sòng gěi zhòu wáng hěn duō
起来。周部落为了救姬昌，送给纣王很多
zhēn bǎo jùn mǎ hé měi nǚ zhòu wáng cái bǎ jī chāng fàng le
珍宝、骏马和美女，纣王才把姬昌放了。

jī chāng huí qù hòu jué dìng tǎo fá shāng cháo yú shì zhǎo
姬昌回去后，决定讨伐商朝，于是找
lái jīng tōng bīng fǎ de jiāng shàng fǔ zuǒ zì jǐ zài mín jiān chuán shuō
来精通兵法的姜尚辅佐自己。在民间传说
zhōng jiāng shàng yòu jiào jiāng zǐ yá jiāng tài gōng
中，姜尚又叫“姜子牙”“姜太公”。

zài jiāng shàng de fǔ zuǒ xià jī chāng dǎ xiǎng le tǎo fá zhòu
在姜尚的辅佐下，姬昌打响了讨伐纣
wáng de zhàn zhēng yí lù zhàn lǐng le hěn duō dì pán dàn shì
王的战争，一路占领了很多地盘。但是，
shāng cháo hái méi yǒu bèi xiāo miè jī chāng jiù qù shì le tā de
商朝还没有被消灭，姬昌就去世了，他的
ér zi jī fā jiē guò le fá zhòu de dà yè
儿子姬发接过了伐纣的大业。

jī fā shuài lǐng dà jūn gōng dào zhāo gē zhòu wáng jiàn dà shì
姬发率领大军攻到朝歌，纣王见大势
yǐ qù chuān shàng zuì huá lì de yī fu tǎng zài jīn yín zhū bǎo
已去，穿上最华丽的衣服，躺在金银珠宝
zhōng zì fén ér sǐ shāng cháo miè wáng jī fā jiàn lì zhōu cháo
中自焚而死，商朝灭亡。姬发建立周朝，
dìng dū hào jīng jīn shǎn xī shěng xī ān shì yǐ
定都镐京（今陕西省西安市以
xī zhuī fēng zì jǐ de fù qīn wéi zhōu
西），追封自己的父亲为周
wén wáng jī fā jiù shì zhōu
文王，姬发就是周
wǔ wáng
武王。

chūn qiū zhēng bà
春秋争霸

zhōu wǔ wáng shí xíng fēn fēng zhì bǎ lǐng tǔ fēn chéng xǔ duō
周武王实行分封制，把领土分成许多
zhū hóu guó ràng zhōu wáng shì de zōng qīn yīn qīn yǐ jí shén
诸侯国，让周王室的宗亲、姻亲，以及神
nóng yáo shùn yǔ hé shāng tāng de hòu dài tǒng lǐng gōng yuán
农、尧、舜、禹和商汤的后代统领。公元
qián nián zhōu cháo chuán dào le hūn yōng de zhōu yōu wáng shǒu zhōng
前782年，周朝传到了昏庸的周幽王手中。
zhōu yōu wáng sǐ hòu tā de ér zi yí jiù jí wèi jiù shì zhōu píng
周幽王死后，他的儿子宜臼即位，就是周平
wáng zhōu píng wáng bǎ guó dū qiān dào le dōng biān de luò yì jīn
王。周平王把国都迁到了东边的洛邑（今
hé nán shěng luò yáng shì lì shǐ shàng chēng qiān dū hòu de zhōu cháo
河南省洛阳市），历史上称迁都后的周朝
wéi dōng zhōu dōng zhōu de qián bàn duàn wéi chūn qiū hòu
为“东周”，东周的前半段为“春秋”，后
bàn duàn wéi zhàn guó
半段为“战国”。

chūn qiū shí qī zhōu wáng shì shuāi wēi gè zhū hóu guó kāi
春秋时期，周王室衰微，各诸侯国开
shǐ zhēng duó dì pán qián hòu gòng yǒu shù wèi zhū hóu wáng yī cì chéng
始争夺地盘，前后共有数位诸侯王依次成

wéi bà zhǔ qí tā zhū hóu guó dōu děi tīng mìng yú tā men
为霸主，其他诸侯国都得听命于他们。

qí huán gōng
齐桓公

gōng yuán qián nián qí guó guó jūn qí xiāng gōng qù shì
公元前686年，齐国国君齐襄公去世，
tā yǒu liǎng gè xiōng dì yí gè shì gōng zǐ xiǎo bái yí gè shì
他有两个兄弟，一个是公子小白，一个是
gōng zǐ jiū tā men dōu shì jūn wèi de yǒu lì zhēng duó zhě
公子纠，他们都是君位的有力争夺者。

hòu lái gōng zǐ xiǎo bái zài bào shū yá de bāng zhù xià chéng
后来，公子小白在鲍叔牙的帮助下成
wéi qí guó guó jūn jiù shì qí huán gōng tā cǎi nà le bào shū yá
为齐国国君，就是齐桓公。他采纳了鲍叔牙
de jiàn yì ràng céng jīng fǔ zuǒ gōng zǐ jiū de guǎn zhòng dān rèn xiàng
的建议，让曾经辅佐公子纠的管仲担任相
guó zài guǎn zhòng de zhì lǐ xià qí guó guó lì guǒ rán dà zēng
国。在管仲的治理下，齐国国力果然大增，
qí huán gōng chéng le zhū hóu bà zhǔ
齐桓公成了诸侯霸主。

jìn wén gōng
晋文公

jìn wén gōng de fù qīn jìn xiàn gōng zài wèi shí fēi cháng chǒng ài
晋文公的父亲晋献公在位时，非常宠爱
lí jī lí jī wèi le bǎ zì jǐ de ér zi lì wéi tài zǐ bī sǐ
骊姬，骊姬为了把自己的儿子立为太子，逼死
le tài zǐ shēn shēng yòu xiǎng shā hài jìn xiàn gōng de lìng wài liǎng gè ér
了太子申生，又想杀害晋献公的另外两个儿
zi chóng ěr hé yí wú chóng ěr hé yí wú zhǐ děi táo chū jìn guó
子重耳和夷吾，重耳和夷吾只得逃出晋国。

jìn xiàn gōng sǐ hòu yí wú zài qín guó guó jūn qín mù gōng
晋献公死后，夷吾在秦国国君秦穆公
de bāng zhù xià huí guó jì chéng le jūn wèi chēng jìn huì gōng
的帮助下，回国继承了君位，称“晋惠公”。

但是，他不但不感激秦国，反而攻打秦国，他的儿子即位后也与秦国不和。于是，公元前636年，秦穆公帮助重耳打回晋国，六十二岁的重耳成为晋国国君，就是“晋文公”。晋文公即位后，走上了霸主之路。

秦穆公

秦国的西边生活着戎族部落，是秦国发展之路上的心腹大患。于是，秦穆公送给戎王许多美女，让戎王沉迷享乐，不理政事，戎族部落迅速衰弱了下去。

秦穆公没有了心腹之患，便开始攻打晋国，夺取了晋国的王官和郜地。接着，秦穆公转头去攻打戎族，开辟了千里疆土，成了西戎地区的霸主。

楚庄王

公元前613年，熊旅成为楚国国君，就是楚庄王，他即位后三年不理政事。大夫

wǔ jǔ qián lái quàn jiàn tā wèn chǔ zhuāng wáng yǒu yì zhī niǎo
伍举前来劝谏，他问楚庄王：“有一只鸟，
sān nián bù fēi bú jiào shì shén me niǎo chǔ zhuāng wáng shuō
三年不飞不叫，是什么鸟？”楚庄王说：
sān nián bù fēi fēi jiāng chōng tiān sān nián bù míng míng jiāng jīng rén
“三年不飞，飞将冲天；三年不鸣，鸣将惊人。”
bù jiǔ chǔ zhuāng wáng kāi shǐ zhěng dùn nèi zhèng bà miǎn wú néng de
不久，楚庄王开始整顿内政，罢免无能的
dà chén tí bá zhōng jūn ài mín de guān lì wǔ jǔ yě zài bèi tí
大臣，提拔忠君爱民的官吏，伍举也在被提
bá zhī liè yuán lái chǔ zhuāng wáng sān nián bú wèn zhèng shì shì wèi
拔之列。原来，楚庄王三年不问政事是为
le biàn míng zhōng jiān wèi yì míng jīng rén zuò zhǔn bèi zài tā
了辨明忠奸，为“一鸣惊人”做准备。在他
de zhì lǐ xià chǔ guó hěn kuài biàn qiáng chēng bà zhū hóu
的治理下，楚国很快变强，称霸诸侯。

sān jiā fēn jìn hé zhàn guó qī xióng

三家分晋和战国七雄

chūn qiū shí qī gè zhū hóu guó wèi le chēng bà zhēng xiāng
春秋时期，各诸侯国为了称霸，争相
zhāo mù néng rén zhì shì yí dà pī yīn gōng jué qǐ de xīn guì zú
招募能人志士，一大批因功崛起的新贵族
zhú jiàn chéng wéi gè zhū hóu guó de zhōng jiān lì liàng chūn qiū mò qī
逐渐成为各诸侯国的中坚力量。春秋末期，
jìn guó de cháo zhèng jiù shì yóu hán zhào wèi fàn shì zhōng
晋国的朝政就是由韩、赵、魏、范氏、中
xíng shì zhì shì liù dà zú bǎ
行氏、智氏六大族把
chí chēng liù qīng
持，称“六卿”。

gōng yuán qián nián
公元前458年，
liù qīng zhōng de zhì hán
六卿中的智、韩、
zhào wèi sì jiā jié
赵、魏四家结
méng guā fēn le luò
盟，瓜分了落
pò de fàn shì yǔ zhōng xíng
魄的范氏与中行

氏的部分封地。晋出公很生气，想讨伐这四家，结果被废。接着，智氏拥立了晋哀公，开始把持朝政。

智氏先夺取了范氏和中行氏的封地，然后蚕食赵、魏、韩三家的土地，这三家被迫联合起来反抗智氏。结果，智氏大败，被灭族，晋国的大族只剩下韩、赵、魏三家。

晋哀公死后，晋幽公即位，韩、赵、魏趁机瓜分了晋国的土地，各自称王，晋幽公只剩下两块封地，被迫向三家朝拜，这就是历史上有名的“三家分晋”。此后，轰轰烈烈的战国时代拉开了序幕，韩、赵、魏都发展成了大国，与秦、齐、楚、燕并称为“战国七雄”。

第一位皇帝

公元前361年，秦国的秦孝公即位，任用商鞅进行变法，自此走上了富强之路。从公元前230年到公元前221年，秦国先后消灭了韩、魏、楚、燕、赵、齐六国，统一了天下，此时在位的秦王是嬴政。

大臣们认为嬴政的功绩胜过以往任何一个君主，因此援引古代三皇的尊称，建议嬴政以“泰皇”为称号。嬴政觉得“泰皇”古已有之，便只保留了“皇”字，又在后面加了“五帝”的“帝”字，“皇帝”一词便出现了，后来人们都称他为“秦始皇”。

qín shǐ huáng jiàn lì le yí tào xiāng dāng wán zhěng de zhōng yāng
秦始皇建立了一套相当完整的中央
jí quán zhì dù tā gǎi fēn fēng zhì wéi jùn xiàn zhì yòu zhì dìng
集权制度。他改分封制为郡县制，又制定
le shū tóng wén dù tóng zhì xíng tóng lún chē tóng guǐ zhèng
了“书同文、度同制、行同伦、车同轨”政
cè wèi hòu shì jiàn lì dà yī tǒng de duō mín zú guó jiā diàn dìng le
策，为后世建立大一统的多民族国家奠定了
jī chǔ
基础。

dàn shì qín shǐ huáng yě yǒu cán bào de yí miàn tā wèi
但是，秦始皇也有残暴的一面，他为
le gěi zì jǐ xiū jiàn líng mù hé gōng diàn zhēng diào le jǐ shí wàn mín
了给自己修建陵墓和宫殿，征调了几十万民
fū rì yè láo dòng bǎi xìng duì tā pō yǒu yuàn yán
夫日夜劳动，百姓对他颇有怨言。

沙丘之变和大泽乡起义

公元前210年，秦始皇出巡到沙丘（今河北省邢台市）时，因病去世。去世前，他留下遗诏，让有仁德、刚毅勇武的公子扶苏继位。可跟随在他身边的宦官赵高和丞相李斯假传圣旨，让公子扶苏自杀，把昏庸残暴的公子胡亥立为皇帝，就是“秦二世”。这样，赵高和李斯就能把持朝政了。

但是，赵高不愿与李斯分享权力，于是对胡亥说：“皇帝想要有威严，就不能经常和大臣见面。”胡亥信以为真，从此再也不上朝了，每天只和赵高单独会面，国家大权就这样被赵高独揽了。后来，赵高又设计杀害了李斯。

秦二世即位、赵高掌权以后，制定了更加严酷的法律来压迫百姓，还向百姓征收重税，朝中不满他们的做法的大臣都遭到诛杀，秦朝上下一片乌烟瘴气。

公元前209年，百姓再也忍受不了秦二世的暴政，大泽乡起义爆发了。起义军攻占了很多地方，各地百姓纷纷加入，声势浩大。接着，被灭掉的六国也纷纷宣布复国，刚建立十二年的秦朝一夜之间分崩离析，岌岌可危。

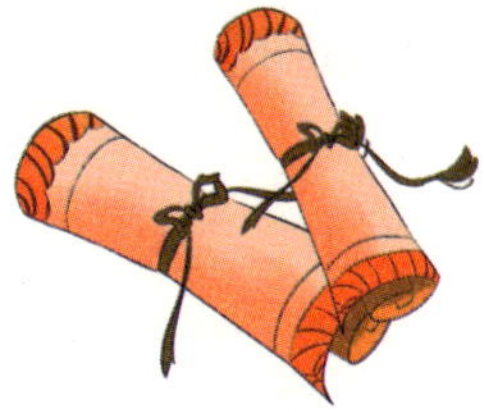

qín cháo miè wáng
秦朝灭亡

shēng shì hào dà de dà zé xiāng qǐ yì zhǐ chí xù le bàn nián
声势浩大的大泽乡起义只持续了半年，
jiù bèi qín jūn zhèn yā le xià qù jiē zhe qín jūn kāi shǐ gōng dǎ
就被秦军镇压了下去。接着，秦军开始攻打
zhào guó
赵国。

zhè shí liù guó zhōng zuì qiáng dà de chǔ guó zhàn le chū lái
这时，六国中最强大的楚国站了出来。
chǔ wáng ràng shǒu xià de liǎng yuán dà jiàng xiàng yǔ hé liú bāng bīng fēn
楚王让手下的两员大将——项羽和刘邦兵分
liǎng lù qù yuán jiù zhào guó rán hòu gōng qǔ xián yáng bìng chēng shuí
两路去援救赵国，然后攻取咸阳，并称：谁
xiān gōng rù xián yáng jiù fēng shuí wéi guān zhōng wáng jié guǒ shuài
先攻入咸阳，就封谁为关中王。结果，率
xiān bīng lín xián yáng chéng xià de rén shì liú bāng
先兵临咸阳城下的人是刘邦。

qín èr shì tīng shuō liú bāng dǎ lái le zhì wèn zhào gāo shì qing
秦二世听说刘邦打来了，质问赵高事情
zěn me huì fā zhǎn dào zhè ge dì bù zhào gāo dān xīn bèi qín èr shì
怎么会发展到这个地步。赵高担心被秦二世
zhì zuì jiù móu hài le qín èr shì lì qín èr shì de zhí zi
治罪，就谋害了秦二世，立秦二世的侄子——

zǐ yīng wéi wáng zǐ yīng jí wèi hòu lì kè chǔ sǐ le zhào gāo
子婴为王。子婴即位后，立刻处死了赵高，
dàn tā yǐ jīng wú fǎ niǔ zhuǎn qín cháo miè wáng de jié jú le
但他已经无法扭转秦朝灭亡的结局了。

gōng yuán qián nián liú bāng gōng rù xián yáng zǐ yīng xiàn
公元前206年，刘邦攻入咸阳，子婴献
chéng tóu xiáng qín cháo miè wáng
城投降，秦朝灭亡。

chǔ hàn zhēng bà
楚汉争霸

xiàng yǔ zài yuán jiù zhào guó de jù lù zhī zhàn zhōng biǎo xiàn tū
项羽在援救赵国的巨鹿之战中表现突
chū bèi gè lù zhū hóu zūn wéi shǒu lǐng liú bāng jù pà xiàng yǔ
出，被各路诸侯尊为首领。刘邦惧怕项羽
de shí lì gōng rù xián yáng hòu qiū háo wú fàn tuì dào chéng wài
的实力，攻入咸阳后**秋毫无犯**，退到城外
děng dài xiàng yǔ dào lái
等待项羽到来。

xiàng yǔ lái dào xián yáng hòu zì fēng wéi xī chǔ bà wáng
项羽来到咸阳后，自封为西楚霸王，
yòu fēn fēng miè qín yǒu gōng de jiàng lǐng wéi zhū hóu liú bāng běn
又分封灭秦有功的将领为诸侯。刘邦本
lái yīng gāi bèi fēng wéi guān zhōng wáng dàn xiàng yǔ jì dàn tā de
来应该被封为关中王，但项羽**忌惮**他的
shí lì jiù bǎ dāng shí zuì chà de liǎng kuài fēng dì fēn gěi le
实力，就把当时最差的两块封地分给了
tā hàn zhōng hé shǔ dì liú bāng qù le lí xián yáng jiào jìn de
他——汉中和蜀地。刘邦去了离咸阳较近的
hàn zhōng
汉中。

chén cāng shì hàn zhōng hé guān zhōng zhī jiān de yān hóu liú bāng
陈仓是汉中和关中之间的咽喉，刘邦

yì lái dào hàn zhōng jiù zhāo bīng mǎi mǎ tún jī liáng cǎo wèi qǔ
一来到汉中就招兵买马、囤积粮草，为取
dào chén cāng dǎ huí guān zhōng zuò zhǔn bèi zài zhè ge guò chéng zhōng
道陈仓、打回关中做准备。在这个过程中，
liú bāng fā xiàn le yí gè tǒng bīng dǎ zhàng de rén cái hán xìn
刘邦发现了一个统兵打仗的人才——韩信。

hán xìn tàn dé hàn zhōng hé chén cāng zhī jiān yǒu yì tiáo wú rén
韩信探得汉中和陈仓之间有一条无人
zhī xiǎo de xiǎo lù yú shì gěi liú bāng xiàn jì ràng lǎo ruò cán bīng
知晓的小路，于是给刘邦献计：让老弱残兵
xiū zhěng zhàn dào zuò chū yào cóng zhàn dào dǎ huí guān zhōng de yàng zi
修整栈道，做出要从栈道打回关中的样子，
liú bāng zé qīn shuài jīng ruì zhī shī cóng zhè tiáo xiǎo lù gōng dǎ chén cāng
刘邦则亲率精锐之师从这条小路攻打陈仓。
zhè jiù shì míng xiū zhàn dào àn dù chén cāng
这就是“明修栈道，暗度陈仓”。

liú bāng yī jì ér xíng guǒ rán shùn lì zhàn lǐng le guān zhōng
刘邦依计而行，果然顺利占领了关中，
xiàng yǔ hé liú bāng de chǔ hàn zhēng bà zhèng shì lā kāi le
项羽和刘邦的“楚汉争霸”正式拉开了
xù mù
序幕。

yóu yú xiàng yǔ fēn fēng zhū hóu de shí hou bìng bù gōng píng
由于项羽分封诸侯的时候并不公平，
bǎ hǎo de fēng dì dōu fēn gěi le zì jǐ de qīn xìn suǒ yǐ liú
把好的封地都分给了自己的亲信，所以刘
bāng dǎ lái de shí hou hěn duō zhū hóu dōu bú yuàn yì bāng xiàng yǔ
邦打来的时候，很多诸侯都不愿意帮项羽，
yǒu de shèn zhì tóu kào le liú bāng xíng shì duì xiàng yǔ fēi cháng
有的甚至投靠了刘邦，形势对项羽非常
bú lì
不利。

gōng yuán qián nián liú bāng zhuī jī xiàng yǔ zhì wū jiāng
公元前202年，刘邦追击项羽至乌江，

wū jiāng duì miàn jiù shì jiāng dōng nà lǐ shì chǔ guó jiù dì xiàng yǔ
乌江对面就是江东，那里是楚国旧地、项羽

de lǎo jiā cǐ shí xiàng yǔ shēn biān yǐ jīng méi shèng duō shao rén
的老家。此时，项羽身边已经没剩多少人

le yǒu rén quàn tā dù guò wū jiāng zhè yàng jiù néng táo chū shēng
了，有人劝他渡过乌江，这样就能逃出生

tiān chóng zhěng qí gǔ dàn xiàng yǔ zì jué wú yán miàn duì jiāng dōng
天，重整旗鼓，但项羽自觉无颜面对江东

fù lǎo yú shì bá jiàn zì wěn chǔ hàn zhēng bà yǐ liú bāng huò
父老，于是拔剑自刎，楚汉争霸以刘邦获

shèng gào zhōng
胜告终。

汉高祖休养生息

公元前202年，刘邦建立西汉王朝，定都长安，史称“汉高祖”。

公元前200年，北方的匈奴人入侵西汉，刘邦率军迎击，被匈奴人围困在白登山七天七夜，最后靠着贿赂匈奴单于的宠妃才得以逃出重围。

这一战让刘邦认清了西汉和匈奴之间的实力差距，他忍辱负重，主动提出与匈奴和亲，匈奴这才退兵。

此后，匈奴还是经常侵扰汉朝边境，但刘邦始终不予理会。他知道，想要赢过匈奴，就必须先休养生息，让国家富强起来。

刘邦去世后，他的继任者们也都基本遵循休养生息的政策，努力发展生产，使汉朝越来越富庶、强大。

汉武盛世

公元前141年，刘彻成为西汉皇帝，就是汉武帝。在他的统治下，西汉迎来了一个伟大的时代——汉武盛世。这一时期发生过两件大事：出使西域和击败匈奴。

张骞出使西域

汉武帝即位时，通往西域的必经之路——河西走廊仍然被匈奴所控制。汉武帝打算联合西域国家大月氏夹击匈奴，于是派张骞出使西域。

张骞虽然没能说服大月氏，却打开了西汉与中亚、西亚、南亚、欧洲之间的陆路通道，这就是“陆上丝绸之路”。

此后，西汉开始通过丝绸之路向西方出售丝绸、茶叶、漆器等产品，同时从西方引进宝石、玻璃器等产品。张骞被誉为“丝绸之路的开拓者”。

霍去病封狼居胥

公元前129年，匈奴人又来侵扰汉朝边境，汉武帝派将军卫青出战。

卫青率军迎敌，势如破竹，直接打到匈奴腹地，捣毁了匈奴人的祭天圣地龙城，全胜而归。这是汉朝对匈奴作战的第一次全面胜利。

公元前123年，卫青再次出兵匈奴，这次他带上了外甥霍去病。霍去病率领八百人孤军深入，不仅大败匈奴，而且俘虏了匈奴的相国和匈奴单于的叔父，一战成名。汉武帝非常高兴，封霍去病为“冠军侯”，

意思是“勇冠三军”。

公元前119年，霍去病彻底击退匈奴，在匈奴境内的狼居胥山，代表汉武帝举行了隆重的祭天仪式，史称“封狼居胥”。至此，匈奴对汉朝的威胁终于解除了。

在汉武帝的治理下，西汉王朝发展成为政治清明、边疆稳固、经济繁荣、国力强盛的礼仪之邦。

王莽篡政和东汉建立

西汉末年，皇帝大权旁落，朝政几乎由外戚把持。公元前7年，汉哀帝驾崩，他九岁的堂弟刘箕子登基，太后王政君临朝听政，她的侄子王莽总揽朝廷事务。第二年，太后封王莽为安汉公。

刘箕子十四岁时驾崩，王莽选了两岁的刘婴为皇太子，自己则明目张胆地做起了“假皇帝”。刘氏子弟起兵讨伐王莽，但不久就被王莽平定了。

公元8年，王莽登基称帝，建立新朝，西汉灭亡。王莽称帝后，天灾不断，人祸

bù zhǐ mín bù liáo shēng bǎi xìng fēn fēn qǐ yì hàn gāo zǔ liú
不止，民不聊生，百姓纷纷起义。汉高祖刘
bāng de dì jiǔ dài sūn liú xiù yě qǐ bīng fǎn kàng wáng mǎng jīng guò
邦的第九代孙刘秀也起兵反抗王莽。经过
shí sì nián de bú xiè nǔ lì tā tǒng yī tiān xià jiàn lì dōng hàn
十四年的不懈努力，他统一天下，建立东汉
wáng cháo liú xiù jiù shì hàn guāng wǔ dì
王朝。刘秀就是汉光武帝。

hàn guāng wǔ dì lì jīng tú zhì bù jǐn zhěng sù guān lì
汉光武帝励精图治，不仅整肃官吏，
yōu dài gōng chén ér qiě dà xīng wén huà tuī chóng qì jié hái
优待功臣，而且大兴文化，推崇气节，还
tè bié zhù zhòng ràng bǎi xìng xiū yǎng shēng xī huī fù hé fā zhǎn jīng
特别注重让百姓休养生息，恢复和发展经
jì shì yí wèi hěn yǒu zuò wéi de huáng dì gōng yuán nián
济，是一位很有作为的皇帝。公元57年，
liú xiù shì shì xiǎng nián liù shí èr suì
刘秀逝世，享年六十二岁。

曹操挟天子以令诸侯

公元125年，汉安帝驾崩，之后继承皇位的基本都是孩子，皇权不是被外戚把持，就是被宦官把持，他们把朝堂搞得乌烟瘴气，国家也日益衰落。

到了汉灵帝时期，政治更加黑暗。汉灵帝不仅把国事全部交给宦官处理，而且自己公开卖官。地方官上行下效，徇私枉法，贪污受贿，无恶不作。

公元184年，百姓忍无可忍，爆发了黄巾起义。汉灵帝为了镇压起义，允许地方官招兵买马，直接导致了军阀割据的局面。

公元189年，汉灵帝驾崩，十四岁的刘辩即位，宦官和外戚开始争权。

外戚为了打败宦官，召地方军阀董卓入京。董卓进京后，赶走了宦官和外戚，废了刘辩，立九岁的刘协为傀儡皇帝，刘协就是汉献帝。至此，东汉名存实亡，波澜壮阔的三国时代拉开了序幕。

典军校尉曹操不满董卓倒行逆施，行刺董卓，没有成功，于是逃到陈留，召集了大约五千人起兵。

公元200年，汉献帝暗中用衣带写下血诏，号令天下诸侯勤王讨贼，包括曹操在内的各路英雄纷纷响应，组成联盟。

但是，联盟军并不团结，最后因为内部矛盾而解散了。曹操坚持讨伐董卓，但是由于势单力薄，打了败仗，只好暂时撤退，再待时机。

后来，董卓的部下吕布中了司徒王允的反间计，杀了董卓。吕布被董卓的其他部下讨伐，逃出长安，与曹操、刘备等人争夺地盘，最后被曹操所杀。

不久，都城长安发生内斗，汉献帝逃到洛阳，曹操以护驾为名，把汉献帝接到自己的地盘许昌，开始挟天子以令诸侯。

官渡之战和赤壁之战

官渡之战与赤壁之战是汉末乃至中国古代史上有名的以少胜多的战役，这两场战役对三国鼎力格局的形成有着极其重要的影响。

官渡之战

袁绍见曹操挟天子以令诸侯，艳羡不已，于是率领十几万大军攻打曹操。曹操积极备战，很快就筑起了牢固的防守体系。

公元200年，曹操军与袁绍军在官渡展开决战，史称“官渡之战”。曹操奇袭袁绍军在乌巢的粮仓，导致袁绍军军心不稳，被曹操军击溃。此战曹操以两万左右的兵力，击破袁绍十几万大军，奠定了统一中国北方的基础。

赤壁之战

曹操统一北方后，率军攻打江东（一名江左，长江以芜湖、南京间的渡口为界，长江下游地区为江东）。统领江东的孙权与刘备结盟，共同抗曹。

公元208年，曹操军和孙刘联军在赤壁激战，曹操军因不习惯水战，被打得大败。

曹操吸取教训，下令把船只首尾相连，好让战士们在船上也能够如履平地。

江东都督周瑜听说后，与手下老将黄盖上演了一出苦肉计：黄盖假装与周瑜不和，遭到周瑜毒打，率军诈降曹操。

曹操中计，黄盖趁机发动火攻。曹军的船只首尾相连，短时间内无法分开，很

kuài jiù bèi shāo chéng le yí piàn huǒ hǎi cáo jūn sǐ shāng zhòng duō
快就被烧成了一片火海，曹军死伤众多。
cáo cāo jiàn dà shì yǐ qù zhǐ hǎo chè tuì zhè jiù shì zhù míng de
曹操见大势已去，只好撤退。这就是著名的
chì bì zhī zhàn
“赤壁之战”。

chì bì zhī zhàn hòu cáo cāo gù shǒu běi fāng sūn quán wěn
赤壁之战后，曹操固守北方，孙权稳
zuò jiāng dōng liú bèi zé zài jīng zhōu kuò zhāng dì pán sān fēn tiān
坐江东，刘备则在荆州扩张地盘，三分天
xià de gé jú xíng chéng le
下的格局形成了。

gōng yuán nián cáo cāo qù shì tā de ér zi cáo pī
公元 220 年，曹操去世，他的儿子曹丕
bī pò hàn xiàn dì shàn ràng dì wèi dōng hàn miè wáng cáo pī zì lì
逼迫汉献帝禅让帝位，东汉灭亡。曹丕自立
wéi dì jiàn lì cáo wèi zhèng quán cáo pī jiù shì wèi wén dì
为帝，建立曹魏政权，曹丕就是魏文帝。

sān jiā guī jìn
三家归晋

gōng yuán nián liú bèi zài chéng dū chēng dì réng dìng
公元221年，刘备在成都称帝，仍定
guó hào wéi hàn
国号为“汉”。

liú bèi chēng dì qián sūn quán gōng qǔ jīng zhōu shā hài guān
刘备称帝前，孙权攻取荆州，杀害关
yǔ fù zǐ liú bèi shì yào tǎo fá jiāng dōng bào chóu
羽父子，刘备誓要讨伐江东报仇。

zhè shí zhāng fēi de bù xià yīn zhāng fēi bào nüè shā le
这时，张飞的部下因张飞暴虐，杀了
zhāng fēi hòu tóu xiáng sūn quán liú bèi biàn jiāng zhāng fēi zhī sǐ yě suàn
张飞后投降孙权，刘备便将张飞之死也算
dào le sūn quán tóu shàng
到了孙权头上。

liú bèi chēng dì hòu lì kè huī bīng gōng dǎ sūn quán dōng
刘备称帝后，立刻挥兵攻打孙权，东
wú dū du lù xùn shuài jūn yìng zhàn yòng huǒ gōng zhī jì shāo huǐ shǔ
吴都督陆逊率军应战，用火攻之计烧毁蜀
jūn yíng zhài shǔ jūn dà bài
军营寨，蜀军大败。

cǐ zhàn hòu bù jiǔ liú bèi bìng shì lín sǐ qián bǎ fù
此战后不久，刘备病逝，临死前把复

兴汉室和辅佐后主刘禅的重任委托给了诸葛亮。

诸葛亮鞠躬尽瘁，渐渐恢复了蜀汉的国力。他觉得复兴汉室的时机已经成熟，于是多次率军北伐曹魏，可惜因为双方的实力差距太大，他始终没能实现复兴汉室的目标。最后一次北伐时，诸葛亮病亡于战争前线五丈原。

公元249年，曾经辅佐曹丕称帝的司马懿发动政变，掌握了曹魏的实权。到司马懿的儿子司马昭掌权时，曹姓皇帝已形同虚设。

公元263年，司马昭出兵攻打汉中，后主刘禅投降，蜀汉灭亡。

公元265年，司马昭病逝，他的儿子司马炎逼迫魏帝曹奂退位，自己称帝，国号“晋”，史称西晋，司马炎就是晋武帝。

新生的晋国离统一天下只差一步——吞并东吴。此时，东吴的皇帝是孙皓，他十分残暴，在国内很不得人心。

公元279年，晋军兵分六路，水陆并进，大举攻吴，东吴军纷纷投降。孙皓还想做最后一搏，但是没有成功，最终被迫投降，东吴灭亡。至此，天下归晋，三国时代画上了句号。

八王之乱

晋武帝司马炎吞并东吴以后，专心治理国家，使西晋在政治、经济等各方面都有所发展，这一时期被称为“泰康盛世”。在政治上，司马炎实行分封制，把宗室都分封为王，导致地方势力膨胀，严重削弱了中央集权。

公元290年，晋武帝病逝，晋惠帝司马衷即位，由外戚杨骏辅政。晋惠帝的皇后贾南风野心勃勃，手段毒辣。在她的策划下，公元291年，楚王司马玮杀了杨骏，由汝南王司马亮辅政。不久，贾南风又唆使司马玮杀了司马亮。紧接着，她与晋惠帝合谋，以“伪造手诏害死司马亮”的罪名处死了司马玮。至此，朝政大权完全掌握在了贾南风手中。

公元299年，贾南风因为没有儿子，为了将来能当太后，就杀害了太子司马遹。掌握禁军的司马伦因此发动政变，杀了贾南风，废了晋惠帝，自立为帝。

司马伦没有治国的才能，而且道德败坏，引发了三王起义——齐王司马冏、河间王司马颙、成都王司马颖起兵讨伐司马伦。他们杀了司马伦后，迎司马衷复位。随后，三王自相残杀，长沙王司马乂、东海王司马越等人也卷入了战争。

纵观这次动乱，参与的核心人物有汝南王司马亮、楚王司马玮、赵王司马伦、齐王司马冏、长沙王司马乂、成都王司马颖、河间王司马颙和东海王司马越，所以史称“八王之乱”。

东晋灭亡

“八王之乱”严重破坏了西晋的社会经济，塞外的众多游牧民族趁机建立政权。其中，匈奴人刘渊建立的政权消灭了西晋。

西晋灭亡后，司马氏南迁，公元317年，司马睿建立东晋，以建康为都。与此同时，北方陷入战乱，从公元316年西晋灭亡，到公元439年北魏统一北方，北方先后有十六个政权称制，史称十六国。

公元383年，氐族人建立的前秦攻打东晋，双方在淝水交战，史称“淝水之战”，前秦军大败。

dōng jìn de xiào wǔ dì chén mí zài shèng lì de xǐ yuè zhī zhōng
　　东晋的孝武帝沉迷在胜利的喜悦之中，
shū yú zhèng shì dà chén sī mǎ dào zǐ péi tā yí kuàir hú nào
疏于政事，大臣司马道子陪他一块儿胡闹，
yīn cǐ shòu chǒng
因此受宠。

xiào wǔ dì jià bēng hòu qí zǐ sī mǎ dé zōng jí wèi shǐ
　　孝武帝驾崩后，其子司马德宗即位，史
chēng jìn ān dì cháo zhèng dà quán luò zài le sī mǎ dào zǐ shǒu
称“晋安帝”，朝政大权落在了司马道子手

中。大臣王恭非常正直，看不惯司马道子胡作非为，于是带头发动政变，结果失败被杀。

这一系列事件严重削弱了东晋朝廷的势力，地方刺史桓玄趁机做大做强，威胁朝廷把很多重要的地盘划分给他，朝廷不敢不答应。

公元403年，桓玄逼迫晋安帝让位，自己称帝。但是没过多久，他就被另一股地方势力——刘裕消灭了。

刘裕灭掉桓玄之后，迎回晋安帝，成了东晋的大功臣，几乎掌握了全国的军事权力。

但是，刘裕也是一个野心家，他命人暗杀了晋安帝，拥立晋恭帝。

公元420年，刘裕逼迫晋恭帝“禅让”天下，东晋灭亡。刘裕称帝，改国号为“宋”，历史上称他建立的政权为“南朝宋”或“刘宋”，刘裕就是宋武帝。

nán běi cháo

南北朝

cóng gōng yuán nián dào gōng yuán nián zhōng guó nán fāng
从公元420年到公元589年，中国南方
xiān hòu jīng lì le sòng qí liáng chén sì gè wáng cháo tǒng
先后经历了宋、齐、梁、陈四个王朝，统
chēng nán cháo
称“南朝”。

liú sòng wáng cháo zǎo qī de jǐ wèi huáng dì dōu néng lì jīng tú
刘宋王朝早期的几位皇帝都能励精图
zhì chū xiàn le yuán jiā zhī zhì de fán róng jǐng xiàng rán
治，出现了“元嘉之治”的繁荣景象。然
ér dào le hòu qī liú sòng cháo zhèng hùn luàn xiāo dào chéng cuàn sòng
而到了后期，刘宋朝政混乱，萧道成篡宋
chēng dì jiàn lì qí cháo qí cháo zhǐ jīng lì le liǎng wèi huáng dì
称帝，建立齐朝。齐朝只经历了两位皇帝
jiù fā shēng nèi luàn yōng zhōu cì shǐ xiāo yǎn miè qí jiàn lì liáng cháo
就发生内乱，雍州刺史萧衍灭齐建立梁朝，
xiāo yǎn jí liáng wǔ dì hòu lái dà jiàng hóu jǐng pàn biàn fú lǔ
萧衍即梁武帝。后来，大将侯景叛变，俘虏
le liáng wǔ dì zì lì wéi dì dàn shì hěn kuài hóu jǐng jiù bèi
了梁武帝，自立为帝。但是很快，侯景就被
liáng cháo dà jiàng dǎ bài bèi zì jǐ de bù xià suǒ shā
梁朝大将打败，被自己的部下所杀。

经过这场劫难后，梁朝四分五裂。公元557年，陈霸先建立陈朝，史称陈武帝。

与此同时，北方的朝代更迭也非常频繁。公元439年，北魏鲜卑族太武帝拓跋焘统一了北方。后来，北魏分裂成了东魏和西魏，东魏权臣高欢的儿子高洋建立了北齐政权，西魏权臣宇文泰的儿子宇文觉建立了北周政权。

北齐和北周相互攻伐，最后北齐被北周所灭，北周统一了北方。从北魏到北周的五个朝代，统称“北朝”。

公元581年，北周外戚杨坚夺取北周政权，建立隋朝，是为隋文帝。

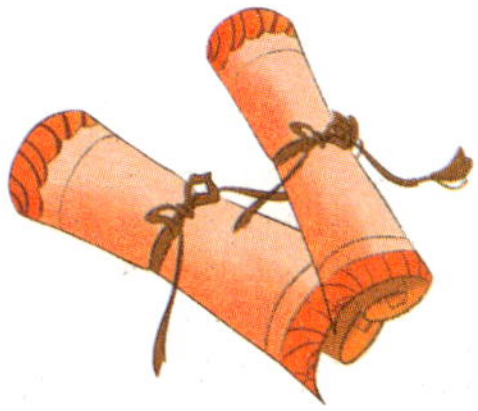

陈后主亡国

北方的政治动荡，让南方的陈朝获得了短暂的发展机会。

陈霸先病逝后，陈文帝、陈宣帝先后励精图治，陈朝政治得以安定，南方经济得以恢复。但后主陈叔宝即位后，陈朝的国势就江河日下了。

陈后主沉溺于酒色，醉心于诗文，整日不理政事。与此同时，隋朝渐渐强大起来，隋文帝决心灭掉陈朝，统一全国。

公元589年，隋军逼近建康。当时，建康城中还有十万大军，陈后主却慌得六神

wú zhǔ　rì yè tí kū　tā de chǒng chén men duì jūn shì gèng shì
无主，日夜啼哭，他的宠臣们对军事更是
yí qiào bù tōng
一窍不通。

hěn kuài　suí jūn gōng rù huáng gōng　chén hòu zhǔ bèi lǔ zhì
很快，隋军攻入皇宫，陈后主被掳至
cháng ān　chén cháo miè wáng
长安，陈朝灭亡。

shí liù nián hòu　chén hòu zhǔ zài luò yáng chéng bìng sǐ　zì
十六年后，陈后主在洛阳城病死。自
xī jìn miè wáng qǐ　fēn liè le èr bǎi qī shí duō nián de huá xià
西晋灭亡起，分裂了二百七十多年的华夏
dà dì zhōng yú chóng xīn yíng lái le tǒng yī
大地终于重新迎来了统一。

huī huò wú dù de suí yáng dì
挥霍无度的隋炀帝

zài suí wén dì de jīng xīn zhì lǐ xià suí cháo chéng xiàn chū
在隋文帝的精心治理下，隋朝呈现出
xīn xīn xiàng róng de jú miàn zhè duàn shí qī bèi chēng wéi kāi huáng
欣欣向荣的局面，这段时期被称为“开皇
zhī zhì gōng yuán nián suí wén dì qù shì tā de ér
之治”。公元604年，隋文帝去世，他的儿
zi yáng guǎng jí wèi shǐ chēng suí yáng dì
子杨广即位，史称隋炀帝。

suí yáng dì jí wèi hòu qǐ dòng le yí xì liè dà xíng gōng
隋炀帝即位后，启动了一系列大型工
chéng zài qín dài cháng chéng de jī chǔ shàng jì xù xiū jiàn cháng chéng
程：在秦代长城的基础上继续修建长城；
yíng jiàn luò yáng chéng kāi záo dà yùn hé yòu zài yùn hé yán àn
营建洛阳城；开凿大运河，又在运河沿岸
guǎng jiàn xíng gōng jí jìn shē chǐ zhī néng shì
广建行宫，极尽奢侈之能事……

wèi le wán chéng zhè xiē gōng chéng suí yáng dì cóng quán guó gè
为了完成这些工程，隋炀帝从全国各
dì zhēng diào le shù bǎi wàn mín fū xǔ duō rén bèi huó huó lèi sǐ
地征调了数百万民夫，许多人被活活累死。
qí zhōng kāi záo dà yùn hé yóu qí láo mín shāng cái dàn tā yě
其中，开凿大运河尤其劳民伤财，但它也

cù jìn le nán běi wén huà de jiāo róng hé jīng jì de fā zhǎn yīn cǐ
促进了南北文化的交融和经济的发展，因此
lì lái huǐ yù cān bàn
历来毁誉参半。

suí yáng dì hái shì yí gè qióng bīng dú wǔ de huáng dì tā
隋炀帝还是一个穷兵黩武的皇帝，他
duō cì duì zhōu biān guó jiā fā dòng zhàn zhēng xiāo hào le jù dà de rén
多次对周边国家发动战争，消耗了巨大的人
lì wù lì hé cái lì bǎ fù qīn jī zǎn qǐ lái de jiā dǐ huī
力、物力和财力，把父亲积攒起来的家底挥
huò yì kōng zài zhè zhǒng qíng kuàng xià mín jiān duì suí yáng dì yuè
霍一空。在这种情况下，民间对隋炀帝越
lái yuè bù mǎn xǔ duō dì fang dōu bào fā le nóng mín qǐ yì
来越不满，许多地方都爆发了农民起义。

lǐ yuān qǐ bīng jiàn guó
李渊起兵建国

lǐ yuān shì běi zhōu guì zú chū shēn jì chéng le fù qīn táng
李渊是北周贵族出身，继承了父亲唐
guó gōng de jué wèi
国公的爵位。

lǐ yuān rèn tài yuán liú shǒu qī jiān běi biān de tū jué lái
李渊任太原留守期间，北边的突厥来
fàn tā de bù xià bèi dǎ de dà bài suí yáng dì hěn shēng qì
犯，他的部下被打得大败，隋炀帝很生气，
xià lìng dài bǔ lǐ yuān
下令逮捕李渊。

dāng shí mín jiān liú chuán zhe yí jù huà yáng shì jiāng miè
当时民间流传着一句话："杨氏将灭，
lǐ shì jiāng xīng yīn cǐ suí yáng dì zǒng huái yí lǐ yuān huì duó
李氏将兴。"因此，隋炀帝总怀疑李渊会夺
tā de tiān xià lǐ yuān dān xīn suí yáng dì huì jiè zhè cì bài zhàng
他的天下。李渊担心隋炀帝会借这次败仗
chǔ sǐ zì jǐ yú shì qǐ bīng fǎn suí
处死自己，于是起兵反隋。

gōng yuán nián yuè lǐ yuān yǐ tōng dí pàn guó
公元617年5月，李渊以"通敌叛国"
wéi yóu chǔ sǐ le suí yáng dì pài lái jiān shì tā de liǎng míng guān
为由，处死了隋炀帝派来监视他的两名官

员，然后向太原的各个郡县发布公告，历数隋炀帝的诸多罪状，称自己要拯救万民于水火之中。

接着，李渊在太原设立大将军府，组建三军，一步步向长安挺进。

同年11月，李渊率领的大军攻破长安；12月，李渊拥立代王杨侑为帝，尊远在江都的隋炀帝为太上皇，关中从此掌握在李渊手中。

公元618年，江都兵变，隋炀帝被杀，宇文化及等人拥立杨浩为帝，王世充在洛阳拥立杨侗为帝，华夏大地上出现了三个隋朝皇帝。

同年5月，李渊在太极殿称帝建国，国号为“唐”，李渊就是唐高祖。

9月，宇文化及在魏州自立为王，建立许国。之后，王世充在洛阳称帝，国号“郑”。

qí tā gē jù shì lì yě fēn fēn jiàn lì zhèng quán rú chǔ wú
其他割据势力也纷纷建立政权，如楚、吴、
liáng hàn lǔ sòng děng
梁、汉、鲁、宋等。

gōng yuán nián jīng guò duō nián de jiān kǔ zhēng zhàn lǐ
公元624年，经过多年的艰苦征战，李
yuān zhōng yú xiāo miè le qí tā gē jù zhèng quán yì tǒng tiān xià
渊终于消灭了其他割据政权，一统天下。

玄武门之变

公元626年，李渊次子秦王李世民密奏太子李建成、齐王李元吉秽乱后宫，唐高祖召李建成、李元吉入宫问询。李世民带领长孙无忌、尉迟敬德等人埋伏在玄武门。

毫无防备的李建成和李元吉骑马从玄武门入宫，走到临湖殿时，觉得情况异常，准备掉头回去，但李世民已纵马而出。李世民一箭将李建成射下马来，李元吉也在乱箭中落马身亡，这就是“玄武门之变”。

玄武门之变发生时，唐高祖还在宫中和大臣们泛舟，尉迟敬德前来禀报道：“太子和齐王作乱犯上，秦王已经派兵把他们诛杀了，现在特地派臣前来保护陛下。”

唐高祖听了，问身边的大臣们该如何是好，大臣们都建议唐高祖立李世民为太子，将国事全部交给他处理。唐高祖见大臣们都支持李世民，知道局面不是自己能控制的了，只能点头。不久，唐高祖退位，李世民成为大唐的第二位君主，是为唐太宗。

贞观之治

唐太宗即位后，吸取了隋炀帝因奢侈而亡国的教训，十分崇尚节俭。有一次，一名官员带着一个巧匠进宫，想制造木偶取悦唐太宗，唐太宗生气地训斥了这个官员一顿，然后免去了他的官爵。

唐太宗的另一个优点是知人善任、开明大度，只要有大臣说出他的过失，他就会马上改正。在这些大臣中，最敢说的人是魏徵。魏徵自幼家境贫寒，但喜好读书，知识渊博，他早年追随李建成，多次建议李建成除掉当时还是秦王的李世民。玄武门之变后，求贤若渴的唐太宗并没有杀掉魏徵，反而对他委以重任。魏徵也没有辜负唐太宗，用直言进谏的方式来报答他的知遇之恩。在魏徵的督促下，唐太宗成了一位贤明的皇帝。

在唐太宗和以魏徵为代表的众多贤臣的治理下，大唐政清国晏、四海升平，百姓安居乐业。这个前无古人的治世高峰，被后人称为“贞观之治”。

女皇武则天

唐高宗李治驾崩后，唐中宗李显即位，但他只做了两个多月的皇帝，就被李治的皇后武则天流放了。之后登基的是武则天的儿子李旦，史称唐睿宗，他成了武则天的傀儡。

公元689年，在武则天的操控下，九百多名大臣联合上书，恭请武则天称帝，李旦知道势不可违，便也向武则天上书，请求其称帝。

不久，武则天正式称帝，改国号为“周”，中国历史上唯一的女皇帝诞生了。

wǔ zé tiān shì yí wèi fēi cháng ài cái de huáng dì zǎo zài
武则天是一位非常爱才的皇帝，早在
táng gāo zōng shí qī tā jiù dà liàng tí bá hán mén chū shēn de guān
唐高宗时期，她就大量提拔寒门出身的官
yuán yòu gǎi gé kē jǔ zhì kuò dà lù qǔ rén shù tā chēng
员，又改革科举制，扩大录取人数。她称
dì hòu jì xù duì kē jǔ zhì jìn xíng gǎi gé gōng yuán
帝后，继续对科举制进行改革：公元690
nián tā kāi chuàng le diàn shì zhì dù zài huáng gōng nèi qīn zì kǎo
年，她开创了殿试制度，在皇宫内亲自考

察通过会试的进士，对优秀者破格录用；公元702年，她设立武举，考察马射、步射、平射、筒射、马枪等项目，以选拔军事人才。

武则天对官吏的考核极为严格，她经常检察官吏的任职情况，有不合格的，立即降职、罢黜或流放。因此，武周时期涌现出了大量名臣、名将，百姓富庶，社会繁荣，武则天也被后人称为一代明君。

公元705年，李显发动政变，八十二岁高龄的武则天退位，李显重新登上了皇位。十个月后，武则天撒手人寰，她在遗诏中宣布去掉帝号，以皇后的身份与唐高宗合葬于乾陵，并要求不在墓碑上刻字，是非功过任由后人评说。

安史之乱

公元712年，唐睿宗李旦退位，李隆基即位，史称唐玄宗。在姚崇和宋璟等贤相的辅佐下，唐玄宗取得了“开元盛世”的伟大成就。

但是，唐玄宗晚年重用奸臣，特别是宰相杨国忠和边疆大将安禄山。安禄山见唐玄宗年事已高，唐朝国政荒废，就和另一名大将史思明勾结，起兵反叛。

公元756年，叛军逼近长安，唐玄宗率众出逃，一行人来到马嵬坡时，跟随的将士们发动兵变，杀了杨国忠，又要求唐玄

zōng chǔ sǐ yáng guó zhōng de mèi mei yáng guì fēi táng xuán zōng bú yuàn
宗处死杨国忠的妹妹杨贵妃。唐玄宗不愿
yì huàn guān gāo lì shì quàn dào guì fēi méi yǒu zuì rán ér
意，宦官高力士劝道：“贵妃没有罪，然而
jiàng shì yǐ jīng shā le yáng guó zhōng ér guì fēi zài bì xià zuǒ yòu
将士已经杀了杨国忠，而贵妃在陛下左右，
tā men nǎ lǐ néng ān xīn ne táng xuán zōng wú nài zhǐ děi chǔ
他们哪里能安心呢？”唐玄宗无奈，只得处
sǐ le yáng guì fēi
死了杨贵妃。

唐玄宗出逃后，叛军攻陷长安和洛阳，被唐玄宗留下来主持大局的太子李亨一边反击叛军，一边在灵武（今甘肃省）登基称帝，就是唐肃宗，尊唐玄宗为太上皇。

公元757年，安禄山被儿子安庆绪杀害，唐肃宗趁机组织反攻，收复了长安和洛阳。后来，叛军接连发生内讧，先是史思明杀了安庆绪，然后史思明被儿子史朝义杀死，叛军内部四分五裂，胜利的天平开始向唐军倾斜。

公元763年，史朝义兵败自杀，持续了八年的“安史之乱”终于被平定了。

黄巢起义

唐朝发展到后期，政治腐败，民生凋敝。公元874年，关东大旱，颗粒无收，当地官员不但没有给予百姓帮助，反而强迫他们缴租税、服差役，引发了黄巢起义。

黄巢出身于商人家庭，精通骑射，颇有文采，而且胸怀凌云之志，起兵后仅数月就把队伍发展到了数万人。朝廷虽然积极组织平叛，但收效甚微。

公元880年，黄巢军攻入长安城，唐僖宗出逃，黄巢登基称帝，建立了大齐政权。可没过多久，黄巢的部下就开始在城中烧

shā qiǎng lüè lián huáng cháo yě jìn zhǐ bu liǎo zhè wèi huáng cháo qǐ
杀抢掠，连黄巢也禁止不了，这为黄巢起
yì de shī bài mái xià le fú bǐ
义的失败埋下了伏笔。

hěn kuài táng xī zōng mìng lìng quán guó bīng mǎ yì qǐ gōng dǎ
很快，唐僖宗命令全国兵马一起攻打
dà qí shōu fù jīng chéng gōng yuán nián huáng cháo bīng bài
大齐，收复京城。公元884年，黄巢兵败，
táng xī zōng fǎn huí cháng ān dà shè tiān xià tā xī wàng cóng cǐ
唐僖宗返回长安，大赦天下。他希望从此
yǐ hòu táng wáng cháo de tǒng zhì néng gòu hé píng wěn dìng dàn yí
以后，唐王朝的统治能够和平稳定，但遗
hàn de shì tā de yuàn wàng méi yǒu shí xiàn
憾的是，他的愿望没有实现。

唐朝的落幕

黄巢军中有一个二十多岁的年轻人，名叫朱温。此人生活在社会的最底层，对金钱和权力的欲望十分旺盛，他不畏强暴、敢于抗争，同时也阴险凶残、首鼠两端。

早在黄巢攻入长安的时候，朱温就已经是深受黄巢重用的一员大将了。但是后来，朱温见黄巢渐渐处于下风，就转而投降了唐朝，并在消灭黄巢的战争中立下大功，因此被任命为宣武节度使兼东北面都招讨使。

公元900年，宦官集团囚禁了唐昭宗，

fú chí tài zǐ lǐ yù chéng wéi kuǐ lěi huáng dì zǎi xiàng cuī yìn kěn
扶持太子李裕成为傀儡皇帝，宰相崔胤恳
qiú zhū wēn fā bīng píng luàn zhū wēn chū bīng chéng gōng bāng zhù táng zhāo
求朱温发兵平乱，朱温出兵，成功帮助唐昭
zōng fù wèi rán ér táng zhāo zōng què yīn cǐ chéng le zhū wēn de
宗复位。然而，唐昭宗却因此成了朱温的
kuǐ lěi
傀儡。

táng zhāo zōng xiàng gè dì fān zhèn qiú yuán gè dì fān zhèn fēn
唐昭宗向各地藩镇求援，各地藩镇纷
fēn qǐ bīng gōng dǎ zhū wēn yú shì zhū wēn gān cuì shā le táng zhāo
纷起兵攻打朱温，于是朱温干脆杀了唐昭
zōng lì nián jǐn shí sān suì de huī wáng lǐ zhù jí wèi zhè jiù
宗，立年仅十三岁的辉王李柷即位，这就
shì táng cháo de zuì hòu yí wèi huáng dì táng āi dì
是唐朝的最后一位皇帝——唐哀帝。

gōng yuán nián zhū wēn jiāng táng zhāo zōng shèng yú de huáng
公元905年，朱温将唐昭宗剩余的皇
zǐ quán bù shā sǐ yòu qiǎng pò táng āi dì jiāng cháo zhōng de sān shí
子全部杀死，又强迫唐哀帝将朝中的三十
duō míng guān yuán liú fàng dào wài dì zhè xiē guān yuán zǒu dào huá zhōu
多名官员流放到外地。这些官员走到滑州
bái mǎ xiàn de bái mǎ yì shí bèi zhū wēn shā hài le zài zhè
白马县的白马驿时，被朱温杀害了。在这
cháng shǐ chēng bái mǎ zhī huò de dà tú shā hòu dà táng de
场史称“白马之祸”的大屠杀后，大唐的
cháo táng jī hū kōng wú yì rén
朝堂几乎空无一人。

gōng yuán nián zhū wēn chēng dì dìng guó hào wéi liáng
公元907年，朱温称帝，定国号为“梁”，
gǎi biàn zhōu wéi kāi fēng fǔ dìng wéi guó dū táng āi dì bèi fēng wéi
改汴州为开封府，定为国都。唐哀帝被封为
jì yīn wáng gōng yuán nián bèi zhū wēn shā hài
济阴王，公元908年被朱温杀害。

至此，唐朝覆亡，中国进入了一个四分五裂、纷乱不休的时期——五代十国。直到公元960年，赵匡胤发动陈桥兵变，夺得江山，黄袍加身，建立北宋王朝，中国才再次统一。

宋太祖杯酒释兵权

宋太祖赵匡胤登基称帝以后，最不放心的是哪些人呢？是那些跟他一起征战沙场、执掌兵权的大臣，比如石守信、王审琦等人，他总是担心这些人将来会起兵造反。

有一天，宋太祖在宫中设宴，召集石守信等一班掌兵大臣来参加。

喝了几杯酒以后，宋太祖对他们感叹道：“如果没有你们，我就不能得到今天的地位。但是，做了皇帝以后，我并不开心。”

石守信等人问宋太祖为什么不开心，宋

tài zǔ huí dá　yīn wèi huáng dì zhè ge wèi zhì　nǎ gè rén bù
太祖回答：“因为皇帝这个位置，哪个人不
xiǎng zuò ne
想坐呢？”

shí shǒu xìn děng rén gǎn jǐn guì xià kòu tóu　shuō　xiàn zài
石守信等人赶紧跪下叩头，说：“现在
tiān mìng yǐ dìng　shuí gǎn huái yǒu yì xīn ne
天命已定，谁敢怀有异心呢？”

sòng tài zǔ shuō nǐ men zòng rán méi yǒu yì xīn dàn shì
宋太祖说："你们纵然没有异心，但是
nǐ men de bù xià jiù méi yǒu tān tú fù guì de ma yí dàn tā
你们的部下就没有贪图富贵的吗？一旦他
men bǎ huáng páo pī zài nǐ men shēn shàng nǐ men yòu yào zěn me jù
们把黄袍披在你们身上，你们又要怎么拒
jué ne
绝呢？"

huà shuō dào zhè lǐ shí shǒu xìn děng rén cái míng bai le sòng
话说到这里，石守信等人才明白了宋
tài zǔ de yì si yú shì zì qǐng jiě chú bīng quán zhè jiù shì sòng
太祖的意思，于是自请解除兵权。这就是宋
tài zǔ bēi jiǔ shì bīng quán de gù shi
太祖杯酒释兵权的故事。

cǐ hòu běi sòng wáng cháo yì zhí zhòng wén qīng wǔ suī rán
此后，北宋王朝一直重文轻武，虽然
guó nèi yīn cǐ méi yǒu fā shēng móu fǎn de shì dàn yě dǎo zhì běi
国内因此没有发生谋反的事，但也导致北
sòng wǔ lì shuāi ruò wèi hòu lái wài dí wáng guó mái xià le yǐn huàn
宋武力衰弱，为后来外敌亡国埋下了隐患。

澶渊之盟

公元1004年，北方的辽国大举入侵北宋，宋真宗问大臣们该怎么办，宰相寇准请宋真宗御驾亲征，宋真宗只得来到澶州督战。士兵们见皇帝来了，果然士气大振，一举打败了辽军。辽国的萧太后向北宋求和，宋真宗派曹利用前往和谈，曹利用问宋真宗，如果辽国提出经济要求，最多能给多少，宋真宗说百万之下都可以接受。

曹利用退出来以后，寇准警告他说："尽管圣上答应可许百万，可若是你谈的超过三十万，我就砍了你的脑袋。"曹利用

bù gǎn wéi bèi zǎi xiàng de zhǔ tuō tā lái dào liáo guó jūn yíng zhōng
不敢违背宰相的嘱托，他来到辽国军营中，
jǐ jīng jiāo shè guǒ rán yǐ sān shí wàn suì bì dá chéng hé yuē
几经交涉，果然以三十万岁币达成和约。
tā huí lái zhī hòu sòng zhēn zōng yì tīng shuō zhǐ yào sān shí wàn suì
他回来之后，宋真宗一听说只要三十万岁
bì gāo xìng de shǒu wǔ zú dǎo
币，高兴得手舞足蹈。

cǐ hòu sòng liáo liǎng guó bǎi nián jiān bú zài yǒu dà guī mó
此后，宋辽两国百年间不再有大规模
de zhàn shì
的战事。

jìng kāng zhī biàn yǔ zōng zé kàng jīn

靖康之变与宗泽抗金

gōng yuán nián jīn bīng dà jǔ nán qīn jiāng kāi fēng
公元1127年，金兵大举南侵，将开封
xǐ jié yì kōng xié chí sòng huī zōng sòng qīn zōng èr dì jí hòu
洗劫一空，挟持宋徽宗、宋钦宗二帝及后
fēi zōng qī sān qiān yú rén běi chè běi sòng wáng cháo fù miè
妃、宗戚三千余人北撤，北宋王朝覆灭。
lì shǐ shàng chēng zhè cì shì jiàn wéi jìng kāng zhī biàn tóng nián
历史上称这次事件为“靖康之变”。同年，
zhào gòu zài nán jīng yìng tiān fǔ jí dì wèi shì wéi sòng gāo zōng sòng
赵构在南京应天府即帝位，是为宋高宗。宋
cháo jìn rù le dì èr gè shí qī nán sòng
朝进入了第二个时期——南宋。

zōng zé céng jīng zài jìng kāng zhī biàn qián lín wēi shòu mìng chū
宗泽曾经在靖康之变前临危受命，出
rèn cí zhōu zhī zhōu tā dào rèn hòu jī jí xiū fù chéng qiáng zhěng
任磁州知州，他到任后积极修复城墙，整
zhì bīng qì zhāo mù yì bīng guǎng jí liáng xiǎng bù jiǔ hòu yǔ jīn
治兵器，招募义兵，广集粮饷。不久后与金
bīng jiāo zhàn lǚ zhàn lǚ shèng
兵交战，屡战屡胜。

nán sòng jiàn lì hòu zōng zé lì zhǔ kàng jīn bèi sòng gāo zōng
南宋建立后，宗泽力主抗金，被宋高宗

rèn mìng wéi dōng jīng liú shǒu zōng zé zhào jí wáng shàn yáng jìn děng
任命为东京留守。宗泽召集王善、杨进等
yì jūn xié zhù fáng shǒu yòu lián luò liǎng hé bā zì jūn děng bù
义军协助防守，又联络两河“八字军”等部
xié tóng kàng jīn dǎ le jǐ gè piào liang de shèng zhàng tā hái bō
协同抗金，打了几个漂亮的胜仗。他还拨
gěi yuè fēi wǔ bǎi qí bīng yuè fēi dé yǐ zhǎn lù tóu jiǎo jí dà
给岳飞五百骑兵，岳飞得以崭露头角，极大
de gǔ wǔ le gè dì sòng jūn de dòu zhì
地鼓舞了各地宋军的斗志。

zōng zé yí miàn chóu huà běi fá yí miàn qǐng sòng gāo zōng huí
宗泽一面筹划北伐，一面请宋高宗回
dào kāi fēng zhǔ chí běi fá dà jì sòng gāo zōng yí zài jù jué zōng
到开封主持北伐大计。宋高宗一再拒绝，宗
zé yōu fèn chéng jí huái zhe bēi fèn de xīn qíng yǔ shì cháng cí
泽忧愤成疾，怀着悲愤的心情与世长辞。

hàn yuè jiā jūn nán yú hàn tiān dì

撼岳家军难于撼天地

yuè fēi cóng èr shí suì qǐ xiān hòu sì cì cóng jūn cān yù zhǐ huī zhàn dòu shù bǎi cì

岳飞从二十岁起，先后四次从军，参与、指挥战斗数百次。

chuán shuō jīn bīng yǒu yí cì rù qīn zhōng yuán shí yuè fēi zài cì cān jūn lín xíng qián tā de mǔ qīn bǎ tā jiào dào gēn qián wèn xiàn zài guó nàn dāng tóu nǐ yǒu shén me dǎ suàn yuè fēi huí dá dào

传说金兵有一次入侵中原时，岳飞再次参军，临行前，他的母亲把他叫到跟前，问：“现在国难当头，你有什么打算？”岳飞回答：“到前线杀敌，尽忠报国！”母亲听了儿子的回答，十分满意，把“尽忠报国”四个字刺在儿子的背上，让他永远铭记在心。

岳飞没有辜负母亲的期望，他不仅作战勇敢，而且治军赏罚分明，又能体恤部属，以身作则，组建起了一支“冻死不拆屋，饿死不掳掠”的岳家军。

岳飞率领岳家军势如破竹，先后收复了被金人占领的郑州、洛阳等地。金兵拿岳飞毫无办法，不禁慨叹道：“撼山易，撼岳家军难！”

金国一时间无可奈何，就对南宋进行诱降。宋高宗赵构和宰相秦桧一意求和，以十二道“金字牌”催岳飞回朝。在宋金议和的过程中，岳飞被秦桧、张俊等人以莫须有的罪名诬陷入狱，与长子岳云、部将张宪一同遇害。

nán sòng fù miè

南宋覆灭

gōng yuán nián sòng jīn yì hé xíng chéng le nán běi
公元1141年，宋金议和，形成了南北
duì zhì de jú miàn gōng yuán nián jīn guó zài nán sòng hé
对峙的局面。公元1234年，金国在南宋和
měng gǔ de nán běi jiā jī xià fù wáng
蒙古的南北夹击下覆亡。

gōng yuán nián měng gǔ dà jǔ rù qīn nán sòng gōng yuán
公元1267年，蒙古大举入侵南宋。公元
nián fán chéng xiāng yáng xiāng jì shī shǒu nán sòng cháo yě jīng
1273年，樊城、襄阳相继失守，南宋朝野惊
huāng shī cuò gōng yuán nián hū bì liè diào èr shí wàn dà
慌失措。公元1274年，忽必烈调二十万大
jūn shuǐ lù bìng jìn zhí zhǐ lín ān jīn zhè jiāng shěng háng zhōu shì
军水陆并进，直指临安（今浙江省杭州市）。
quán xiàng jiǎ sì dào xiǎng xiàng měng gǔ jūn qiú hé dàn shì měng gǔ jūn
权相贾似道想向蒙古军求和，但是蒙古军
jiàng lǐng háo bù yóu yù de jù jué le zuì hòu měng gǔ jūn dà bài
将领毫不犹豫地拒绝了。最后，蒙古军大败
sòng jūn jiǎ sì dào táo dào le yáng zhōu
宋军，贾似道逃到了扬州。

gōng yuán nián měng gǔ jūn jìn gōng dū chéng lín ān
公元1276年，蒙古军进攻都城临安，

sòng gōng dì xuān bù tuì wèi
宋恭帝宣布退位。

gōng yuán nián měng gǔ guó dà hán hū bì liè wán chéng le duì zhōng guó de tǒng yī gǎi guó hào wéi yuán shì wéi yuán cháo hū bì liè jiù shì yuán shì zǔ
公元1271年，蒙古国大汗忽必烈完成了对中国的统一，改国号为“元”，是为元朝，忽必烈就是元世祖。

朱元璋灭元建明

元朝后期，政治黑暗，蒙古统治者向汉人征收名目繁杂的赋税，民不聊生。公元1351年，走投无路的老百姓揭竿而起，拉开了元朝灭亡的序幕。

从公元1356年到公元1359年，朱元璋不断扩大自己的势力，消灭了陈友谅、张士诚等割据势力后兵临元朝都城大都。

公元1368年，元顺帝逃出大都，在北方建立北元政权，元朝名存实亡。

公元1368年正月初四，朱元璋称帝，定都应天府，就是今天的南京，国号“大明”。

zhū yuán zhāng jiù shì míng tài zǔ
朱元璋就是明太祖。

zhū yuán zhāng shēn zhī bǎi xìng jīng lì le lián nián zhàn huǒ zuì
朱元璋深知百姓经历了连年战火，最
xū yào píng jìng de shēng huó suǒ yǐ mìng bǎi guān bú dé tāo rǎo bǎi
需要平静的生活，所以命百官不得叨扰百
xìng gěi bǎi xìng xiū yǎng shēng xī de shí jiān tā hái shì yí wèi
姓，给百姓休养生息的时间。他还是一位
fēi cháng tòng hèn tān guān de huáng dì zài wèi qī jiān yīn tān wū
非常痛恨贪官的皇帝，在位期间，因贪污
shòu huì ér bèi chǔ sǐ de guān yuán duō dá shù wàn rén
受贿而被处死的官员多达数万人。

靖难之役

明太祖朱元璋在位时，分封同姓王，其中第四子燕王朱棣的势力最大。

公元1392年，明太子朱标病逝，朱元璋立皇长孙朱允炆为太孙。公元1398年，朱元璋病逝后，朱允炆登基，是为建文帝。为了巩固皇权，建文帝**雷厉风行**地开始削藩。

朱棣不会**坐以待毙**，他一边装病，让建文帝放松警惕；一边暗中为发动战争做准备，包括筹备作战物资、制订作战计划等。公元1399年，准备就绪的朱棣以除掉朝中奸臣为由，率领大军向都城进发。公元

1402年，朱棣率大军进入应天府，文武百官纷纷跪在道路两旁，迎朱棣入皇宫。建文帝弃城逃走，下落不明。

同年，朱棣即位，就是明成祖，这场政变史称“靖难之役”。此后，明成祖把都城从应天府迁到了北平，改称北平为北京。

zhèng hé xià xī yáng

郑和下西洋

gōng yuán nián yuè rì jiāng sū tài cāng liú

公元1405年6月15日，江苏太仓刘

jiā gǎng mǎ tóu wéi qiáng rú lín rén tóu cuán dòng luó gǔ zhèn tiān

家港码头桅樯如林，人头攒动，锣鼓震天。

zài yì sōu áng shǒu qiào wěi de zōng hēi sè bǎo chuán shàng yí gè rén

在一艘昂首翘尾的棕黑色宝船上，一个人

jìng jìng de níng shì zhe dà hǎi zhè ge rén jiù shì zhèng hé

静静地凝视着大海，这个人就是郑和。

cóng gōng yuán nián dào gōng yuán nián zhèng hé shuài

从公元1405年到公元1433年，郑和率

lǐng dāng shí shì jiè shàng guī mó zuì dà jì shù zuì xiān jìn de bǎi

领当时世界上规模最大、技术最先进的百

sōu chuán duì hé wàn míng guān bīng háng xíng zài tài píng yáng hé yìn dù

艘船队和万名官兵，航行在太平洋和印度

yáng shàng lái wǎng yú mǎ liù jiǎ hǎi xiá tā qī xià xī yáng xiān

洋上，来往于马六甲海峡。他七下西洋，先

hòu fǎng wèn le yìn dù yáng ā lā bó dōng fēi děng dì de gè gè

后访问了印度洋、阿拉伯、东非等地的各个

guó jiā háng chéng shí wàn yú lǐ zuì nán dào zhǎo wā zuì běi

国家，航程十万余里，最南到爪哇，最北

dào mài jiā zuì xī dào fēi zhōu dōng hǎi àn

到麦加，最西到非洲东海岸。

rú cǐ páng dà de chuán duì zú yǐ chēng bà yán hǎi gè guó
如此庞大的船队足以称霸沿海各国，
dàn zhèng hé xià xī yáng shī xíng hù lì shuāng yíng de hé píng jiāo wǎng
但郑和下西洋施行互利双赢的和平交往
zhèng cè tuī dòng le dāng shí zhōng guó de hǎi wài mào yì hé jīng jì
政策，推动了当时中国的海外贸易和经济
fā zhǎn
发展。

战神戚继光

明朝著名抗倭将领戚继光戎马一生，带领戚家军扫除倭患，平定祸乱，镇抚边疆，被人们称为“战神”。

公元1528年，戚继光出生于一个武将世家，从小勤练武艺，学习兵法。公元1556年，倭寇来犯，当时担任参军的戚继光与总兵俞大猷、知府谭纶联合作战，把倭寇打得大败而逃。

在此后的两年里，戚继光又两次大败倭寇，名声大振。但是，他当时率领的军队经常有士兵临阵逃跑，他深知这样的军队是无法彻底打败倭寇的，于是经过严格选拔，重新招募了一支三千多人的新军，对他们进行严格训练。很快，一支组织严密、军纪严明、战斗力彪悍的军队诞生了，这就是“戚家军”。

戚家军成立后，在对倭寇的战斗中屡战屡胜，人数也发展到了六千人，令倭寇闻风丧胆。经过多年奋战，明朝东南沿海的倭患基本解除。

明朝灭亡，清军入关

公元1627年，明熹宗朱由校病逝，他的弟弟朱由检登基，定年号为“崇祯”。

崇祯皇帝接手的是一个朝纲败坏、政治黑暗、经济凋敝的烂摊子，而关外的少数民族政权——后金（公元1636年改国号为“清”）正对大明虎视眈眈。

尽管如此，崇祯皇帝依然希望振兴国家。他即位后，先是除掉了奸臣魏忠贤及其党羽，然后开始夙兴夜寐地处理国事，致力于在政治、经济、文化等各方面恢复明朝的繁荣与强盛。但是，他挽救不了摇摇欲坠的大明。

公元 1628 年，明朝爆发农民起义，先后涌现出几十支起义军。

公元 1629 年，后金大军攻入河北，被明朝大将袁崇焕阻挡，迟迟不能推进。

为了除掉袁崇焕，后金皇帝皇太极使用反间计，散播袁崇焕通敌卖国的虚假消息。崇祯皇帝信以为真，于第二年处死了袁崇焕。

袁崇焕死后，明朝忠臣个个心寒，崇祯面临着众叛亲离的处境。

公元 1644 年，起义军领袖李自成在西安称帝，建立大顺政权，亲率百万大军东征北京。很快，大顺军兵临北京城下，一些官员主动开城投降，大顺军不费一兵一卒就占领了北京城。崇祯皇帝自缢而亡，明朝灭亡。

李自成入京后，明朝将领吴三桂勾结

清军，对大顺政权发起猛攻，大顺军节节败退，清军入关。

公元1645年，大顺军被清军彻底击溃，李自成兵败身亡。

清军入关之前，皇太极就去世了。清

军入关时，皇太极之子、年仅六岁的福临即位，是为顺治帝，他的叔叔多尔衮摄政。多尔衮为了巩固清朝的统治，令全国人剃发结辫，并改穿清人的服装，这就是“剃发易服”。很多大明的旧臣和百姓不肯遵守，因此被杀的人不计其数。

当时，清朝只占领了中国的北方，南方还残留着明朝的势力。在扬州，明臣史可法率领全城军民抵御清军，最后兵败被杀。清军进入扬州，屠城十日，八十多万扬州百姓命丧黄泉。接着，清军攻破嘉定，同样进行了残忍的屠杀。

此时，明将郑成功占据着台湾海岛，这里的军民仍穿明朝的衣冠，沿用明朝的年号，在郑成功及其后人的率领下，与清廷对抗了几十年，直到康熙年间才被清军击败。至此，清朝才真正完成了统一。

鸦片战争和太平天国运动

19世纪中叶，西方列强为了牟取暴利，向中国贩卖鸦片，几百万中国人深受毒害，中国白银大量外流，社会经济被严重破坏。

1839年，清道光皇帝任命林则徐为钦差大臣，到广州禁烟。在虎门海滩，林则徐以“海水浸化法”，将二百多万斤鸦片全部销毁。虎门销烟激怒了英国政府和商人，大量英国军舰云集珠江口，准备开战。林则徐毫不示弱，派十艘火船主动出击，击毁十一艘英国军舰，鸦片战争拉开了序幕。

1842年8月4日，英军直逼南京，清军

节节败退，清政府赶紧派人到南京议和。1842年8月29日，清政府代表耆英、伊里布与英国代表璞鼎查签订了丧权辱国的不平等条约——《南京条约》。

《南京条约》让西方列强闻到了“肥肉”的香味，美国和法国相继以武力威胁，与清政府签订了《望厦条约》和《黄埔条约》。接着，葡萄牙、普鲁士、比利时、西班牙、荷兰、挪威、瑞典、丹麦等国也纷纷效仿。

根据条约，清政府需向西方列强支付巨额战争赔款。清政府国库空虚，无钱可赔，就加紧剥削百姓。在这种背景下，洪秀全等人号召农民拿起武器，在金田村发动起义，轰轰烈烈的太平天国运动爆发了。

1853年3月，太平军攻克南京，改称天京，太平天国在此定都。为了尽快推翻清政府的统治，洪秀全决定攻打北京。但是，由于太平军盲目自信，加上内部产生了矛盾，所以最后全军覆没。太平天国运动由盛转衰，最后在中外势力的联合绞杀下彻底失败。

太平天国运动虽然失败了，但是它给了清政府以沉重的打击，在中国近代史上有着重要的地位和作用。

英法联军火烧圆明园

1856年，英法联军发动了第二次鸦片战争，并与清政府签下了又一份不平等条约——《天津条约》。

1859年，英法联军突袭天津大沽炮台，守卫炮台的爱国将士顽强抵抗，不仅击沉敌舰十艘，还重伤了英军舰队司令，英法联军退出了大沽口。第二年，英法联军卷土重来，占领了天津，然后向北京推进，圆明园即将遭受一场浩劫。

圆明园规模宏大、建筑精美、收藏丰富，被称为“万园之园”。英法联军攻入北

京后，疯狂抢夺圆明园中的珍贵文物和金银珠宝，拿不走的就砸碎。

几天后，圆明园被抢劫一空，英法联军又在园中放火，还把奔逃的太监、宫女推到熊熊烈火之中。圆明园的这场大火，足足烧了三天三夜。

那么，被抢走的珍宝去了哪里呢？它们有的成了侵略者的私人收藏，有的则被摆在了大英博物馆中。

最后，清政府在英法两国的威逼下，分别与两国签订了屈辱的《中英北京条约》和《中法北京条约》，英法联军这才退出北京。

中日甲午战争

1861年，清咸丰皇帝病逝，年仅六岁的皇太子载淳继承皇位，他的生母慈禧太后发动政变，垂帘听政，成了清朝实际的最高统治者。

1894年7月25日凌晨，日本舰队突袭中国海军的“济远号”和“广乙号”。慈禧不想与日本开战，就请英国出面干涉。日本以“误会”为借口打发走了英国人，然后继续对中国发动进攻，慈禧无奈向日本宣战，这就是“中日甲午战争”。

黄海海战是甲午战争中最惨烈的一次

zhàn yì zhè nián yuè zhōng guó běi yáng hǎi jūn tí dū dīng rǔ chāng
战役。这年9月，中国北洋海军提督丁汝昌
shuài lǐng de shí sōu zhàn jiàn zài huáng hǎi yǔ rì jūn de shí èr sōu
率领的十艘战舰，在黄海与日军的十二艘
zhàn jiàn xiāng yù huáng hǎi hǎi zhàn bào fā le yì shí jiān huáng
战舰相遇，黄海海战爆发了。一时间，黄
hǎi hǎi miàn pào shēng zhèn tiān xiāo yān mí màn běi yáng jiàn duì zhōng
海海面炮声震天，硝烟弥漫。北洋舰队中，
yóu dèng shì chāng zhǐ huī de zhì yuǎn jiàn yǒng wǎng zhí qián zhòng
由邓世昌指挥的“致远舰”勇往直前，中
dàn zuì duō yǎn kàn dàn yào jiù kuài yòng wán jiàn shēn yě yǐ jīng yán
弹最多，眼看弹药就快用完，舰身也已经严

重倾斜，邓世昌索性指挥“致远舰”开足马力，撞向敌舰中十分猖狂的“吉野号”，决心和敌人同归于尽。不幸的是，“致远舰”被敌人的鱼雷击中而沉没了，邓世昌和舰上的二百多名将士全部壮烈牺牲。这场大战持续了五个多小时，双方都损失惨重。

黄海海战后，北洋海军还有各种舰艇二十六艘，但清政府一味地消极避战，日本侵略者则得寸进尺。最终，北洋舰队在日军的攻击下全军覆没，丁汝昌自杀殉国。

1895年4月17日，清政府向日本求和，与日本签订了丧权辱国的《马关条约》。

义和团运动与八国联军侵华

甲午战争后，山东爆发了反抗外国侵略者的义和团运动，清政府招抚了义和团，义和团势力发展迅速。

1900年6月10日，沙皇俄国、英国、美国、日本、德国、法国、意大利、奥匈帝国组成了一支两万多人的联军，从天津进犯北京，遭到义和团和清军的猛烈反击。

6月16日，八国联军撤回天津，义和团开始围攻北京城内的教堂和使馆区，慈禧命清军跟在义和团后面参加战斗。可是，义和团只有大刀和长矛，始终攻不破敌人

yòng zǐ dàn zǔ chéng de fáng xiàn zì jǐ què shāng wáng cǎn zhòng zhè
用子弹组成的防线，自己却伤亡惨重。这
xià cí xǐ tài hòu hài pà le gǎn jǐn mìng qīng jūn gěi dí rén sòng
下，慈禧太后害怕了，赶紧命清军给敌人送
chī sòng hē biǎo shì qīng zhèng fǔ shì hé tā men zhàn zài yì qǐ de
吃送喝，表示清政府是和他们站在一起的。

bù jiǔ bā guó lián jūn juǎn tǔ chóng lái tā men dǎ suàn
不久，八国联军卷土重来，他们打算
xiān zhàn lǐng tiān jīn zài gōng dǎ běi jīng tiān jīn zhí lì tí dū niè
先占领天津，再攻打北京。天津直隶提督聂
shì chéng xùn nàn yuè rì tiān jīn shī shǒu yuè rì
士成殉难，7月14日天津失守。8月4日，
lián jūn jí zhōng yí wàn bā qiān yú rén jí mén huǒ pào cóng tiān
联军集中一万八千余人及81门火炮，从天
jīn chū fā jìn gōng běi jīng yuè rì lián jūn gōng xiàn le
津出发，进攻北京。8月14日，联军攻陷了
běi jīng chéng
北京城。

cí xǐ huāng máng dài zhe huáng dì děng yì gān rén táo zǒu bā
慈禧慌忙带着皇帝等一干人逃走，八
guó lián jūn zài běi jīng chéng shāo shā qiǎng lüè wú è bú zuò
国联军在北京城烧杀抢掠，无恶不作。

yuè rì cí xǐ xiàng xī fāng liè qiáng qiú hé yuè
8月24日，慈禧向西方列强求和；9月
rì cí xǐ zhèng shì xià lìng wéi jiǎo yì hé tuán yì hé tuán yùn
7日，慈禧正式下令围剿义和团，义和团运
dòng shī bài le
动失败了。

辛亥革命与清帝退位

清政府的腐朽和软弱让民愤四起，1911年10月10日晚上，革命党人在武昌发动起义，辛亥革命爆发了。

经过一夜激战，起义的士兵占领了武昌城。随后，汉口、汉阳闻风而动，也举兵起义。10月12日，武汉三镇全部为起义军所控制。起义军迅速成立了中华民国军政府鄂军都督府，改国号为“中华民国”，一个新的政权诞生了。

惊慌不已的清政府连忙派兵镇压起义军，双方在汉口和汉阳展开了长达四十一天的激烈战斗，虽然汉口和汉阳最终被清军夺回，但在这四十一天中，湖南、广东等十五个省纷纷通电起义，宣布拥护共和，改朝换代已成大势所趋。

1911年12月29日，十七省代表在南京举行会议，推举孙中山为临时大总统，并于1912年元旦在南京成立中华民国临时政府。1912年2月12日，清朝末代皇帝宣统退位，清朝灭亡。

辛亥革命推翻了统治中国几千年的君主专制制度，建立了共和政体，开创了完全意义上的近代民族民主革命，极大地促进了中华民族在政治上和思想上的解放，推动了中国社会的变革。